우리가 함께 믿는 것

한국 아나뱁티스트 출판사(Korea Anabaptist Press)는 기독교 신앙을 아나뱁티스트 관점에서 소개하는 문서선교 사역을 합니다. 특히 그리스도인의 신앙과 삶의 기초를 재세례신앙의 제자도 · 평화 · 공동체를 통해 발견하며, 하나님나라를 이루어가는 성경적 비전을 회복하고자 노력합니다. 한국 아나뱁티스트 출판사가 발행하는 도서는 각 분야별 시리즈로 구성됩니다.

우리가 함께 믿는 것

아나뱁티스트 교회들이
"공유하는 신념(Shared Convitions)"에 대한 연구

알프레드 뉴펠트 지음
이정남, 김영희 옮김

우리가 함께 믿는 것

지은이   알프레드 뉴펠트
옮긴이   이정남, 김영희
초판발행   2014년 10월 28일

펴낸이   김경중
제작   대장간
등록   제364호
펴낸곳   Korea Anabaptist Press
         www.kapbooks.com
주소   강원도 춘천시 춘천로 34, 3층
전화   (033) 242-9615
분류   신앙고백 | 메노나이트

ISBN   978-89-92865-19-7 (03230)

값 8,000원

차례

추천의 글

김복기 · 선교사, 캐나다 메노나이트 교회

메노나이트라는 그리스도인들은 한국전쟁 직후, 메노나이트 중앙위원회(Mennonite Central Committee)의 구호사역을 통해 처음 소개되었습니다. 오른손이 하는 일을 왼손이 모르게 하라는 원칙과, 그리스도의 사랑이 아무런 조건을 두지 않는 것처럼 가난한 사람을 도울 때 그 어떤 조건도 두지 말라는 원칙을 따라 20여 년간 구호사역을 펼치고 돌아갔습니다.

한국의 경제 발전과 더불어 다른 가난한 나라로 프로그램을 옮겼으나, 이들이 남기고 간 영향력은 결코 적지 않았습니다. 세상의 빛과 소금으로 사역을 감당했던 이들은 여러 사람들의 인생에 빛이 되었고 삶의 등불이 되었습니다. 한 가지 안타까운 것은 그들의 정신은 각 사람의 마음에 새겨졌으나, 많은 사람들이 원하던 교회로서의 발자취를 남기지 못 한 것입니다. MCC가 교회개척을 하지 않았던 이유는 복음전도에 대한 열정이 없어서가 아니라 모든 사람에 대한 하나님의 사랑을 구제, 국제 개발, 평화사역을 통해 나누려는 메노나이트 중앙 위원회의 기본적인 사역 원칙 때문이었습니다. 이것이 바로 한국 메노나이트가 1953년 이래 약 60여년의 역사를 갖고 있음에도 불구하고 많은 그리스도인들이 아나뱁티스트들이 어떤 사람인지 정확한 정보를 얻을 수 없는 이유입니다.

그러나 하나님의 선하심을 한 번이라도 맛본 사람이라면 그 맛을 잊을 수 없듯이, 아나뱁티스트들이 전해준 사랑과 은혜를 맛본 사람들은 그들의 검소함, 겸손함, 신실한 삶의 모습을 결코 잊을 수 없었다고 합니다. 특히 이들이 대구 경산에 세운 메노나이트 직업중고등학교의 졸업생들은 자신의 인생에 큰 빛을 비추어준 선생님들과 구호사역자들의 은혜를 잊지 못하여 어떤 방식으로라도 아나뱁티스트 정신을 이어가고자 많은 노력을 아끼지 않았습니다.

그 분들의 기도를 들으셨는지, 하나님께서는 80-90년대에 들어서 많은 사람들에게 공동체에 대한 관심을 불러일으키셨고, 건강한 교회운동을 하도록 메노나이트 선교사들을 한국에 보내주셨습니다. 특히 90년대 중반부터 끊임없는 기도와 노력으로 메노나이트 선교사님들의 한국 방문과 성경적 교회를 꿈꾸는 이들이 생겨났습니다. 이들을 통해 아나뱁티스트 교회에 대한 새로운 비전을 갖게 되었고, 2001년 한국 아나뱁티스트 센터KAC가 창립되었습니다.

그동안 한국 KAC는 교회와 공동체를 섬기는 일환으로 제자도, 평화, 공동체의 영성을 추구하며, 자료를 개발해 왔습니다. 이 시대에 필요한 교회론, 성서신학, 평화신학, 제자도, 공동체를 주제로 교육을 실시하였고, 한국 사회에 영향을 끼쳤던 MCC와 파트너로 다양한 자원봉사활동의 기회를 제공하게 되었습니다. 더 나아가 아나뱁티스트 신앙에 관심이 있는 개인, 단체, 교회들과 함께 협력사업을 펼치고 있습니다.

현재 한국에는 아나뱁티스트에 대한 관심이 점증하고 있습니다. 공동체성을 중시하는 교회, 그리스도 중심의 성경해석의 공동체, 갈등 해결

및 회복적 정의 실현, 평화 신학 및 실천 등 새로운 패러다임으로 그리스도의 부르심에 응답하고 있습니다.

이러한 때에 『우리가 함께 믿는 것』이라는 책이 출간되는 것은 큰 의미가 있습니다. 그 무엇보다 많은 사람들이 단편적으로 알고 있던 아나뱁티스트들의 핵심가치가 무엇인지 분명히 제시하고 있기 때문입니다. 2014년 현재, 한국에는 약 100여권의 아나뱁티스트 책이 소개되었습니다. 기독교윤리, 교회론, 성서해석학, 기독교철학, 아나뱁티스트 역사, 교육 및 자녀양육에 관한 여러 책들이 소개되어 있지만, 아나뱁티스/메노나이트가 추구하는 것이 무엇인지 포괄적이면서 명확하게 소개한 책은 그리 많지 않습니다. 더 나아가 전 세계 아나뱁티스트들이 공유하는 것이 무엇인지를 갈파하는 책 또한 많지 않습니다.

이 책은 아나뱁티스트를 처음 접하시는 분들이나, 정말 기독교 역사에서 이들이 추구하는 것이 무엇인지 알고 싶은 분들에게 귀한 자료가 될 것입니다. 구슬이 서 말이라도 꿰어야 보배라는 말처럼, 이 책을 통해 그동안 꿰지 못한 서 말의 구슬을 꿰어보실 것을 권유합니다. 천국 잔치를 준비해 놓고 많은 사람들을 초청하신 것처럼, 하나님의 은혜로 예수 그리스도 안에서 화해의 복음을 선포하고 실천하기 원하는 분들을 초청합니다. 그리고 천국 잔치 상을 받아든 사람들이 하나님 나라를 미리 맛보고 즐거워하는 것처럼, 이 책을 읽음으로써 조촐하지만 소중한 잔치 상 위에 펼쳐진 하나님 나라의 맛이 어떤지 느끼실 수 있기를 소원합니다.

추천의 글

전 남 식 · KAF대표, 대전꿈이있는교회 담임목사

아나뱁티스트 신앙과 전통에 관심을 두기 시작하면서 발견한 중요한 사실은, 그동안 우리가 예수의 고난, 죽음에만 지나치게 집중해 왔다는 점이었다. 예수의 고난과 죽음, 부활 찬송은 많아도, 그분의 삶과 가르침에 관한 찬송은 얼마나 찾기 어려운가! 역사적으로도 수많은 아나뱁티스트들이 이단으로 오해를 받고 고난을 받은 이유는 바로, 예수께서 살아오신 방식대로, 그분께서 가르치시는 대로 살고, 그렇게 죽고자 했기 때문이었다. "원수를 사랑하라."라는 말씀을 실천하기 위해 그들은 적에게 무기를 들지 않았고, 그 대가로 조상 대대로 살아온 땅을 떠나야 하는 희생을 치러야만 했다.

이 책은 전 세계에 흩어져 있는 아나뱁티스트들의 공통의 신념을 소개한다. 7가지의 공통의 신념을 소개하고 있는데, 흥미로운 사실은, 이 신념들 모두가 제자도, 공동체, 평화를 표현하고 있다는 점이다. 1–3장은 삼위일체 되신 하나님을 소개하고 있다. 성부 하나님은 창조주로서 타락한 인간을 회복시키시고, 그분 안에서 온 인류가 하나의 공동체로 살도록 초청하신다. 성육신 하신 예수 그리스도는 우리의 삶의 모본으로, 그분이 이 땅에서 살아가신 모습, 그분의 죽으심, 그리고 부활은 모두가 인간을 향한 하나님의 사랑과 죽음을 초월한 부활의 삶을 강조한다. 성령은 새로운 하나님의 백성이 공동체로 살아가는 원동력을 제공하신다. 공동체로 산다는 것은 갈등과 위기를 피할 수 없는 일인데, 이러한 갈등과 위기는 결국 소통의 단절과 편견 등으로 말미암는다. 성령께서는 새로운 창조의 영으로서, 서로를 향한 배려와 인내, 그리고 권면을 통해 신앙공동체를 성숙, 유지하는 일들을 감당하신다.

신앙 공동체 안에서 모든 성도는 함께 성경을 읽고, 해석함으로, 하나님을 사적인 존재가 아닌 공적인 존재로 인식하게 된다. 목사나 특별한 은사를 가진 소수만이 교회의 지도자가 되는 것이 아니라, 모든 성도가 각자의 은사에 따라 교회를 이루는 것이 마땅하다. 공동체로 성경을 읽고 해석할 때 성령께서 조명하심으로 깨닫게 하시고, 하나님의 뜻을 분별하도록 도우신다. 신앙 공동체는 상호 책임은 물론이고, 예수와 그의 제자들이 그러하였듯이, 이 땅에서 샬롬을 추구한다. 원수를 사랑하라는 예수의 말씀이 십자가 위에서 절정에 달하였듯이, 우리는 죽음의 위협 앞에서 폭력을 선택하는 대신, 그들에게 용서와 화해의 손을 내밀어야 한다. 그런데 이러한 평화는 정의에 기초한 것이어야 한다. 불의에 대한 외면은 결단코 평화를 유지하는데 도움을 주지 못함을 알고 있기 때문이다.

결국, 이 책의 내용은 제자도, 공동체, 평화라는 아나뱁티스트의 핵심 가치 세 가지를 확장해 놓은 것이다. 존 요더가 그의 책 『근원적 혁명』에서 밝혔듯이, '복음'은 '혁명'으로 대체할 수 있다. 복음을 선포한다는 것은 곧 이 땅에서 혁명적인 삶을 사는 사람들, 신앙 공동체를 보여주는 것이 아니던가. 이 땅에서 예수님처럼 사랑하고, 용서하고, 평화를 이루며 살되, 죽기까지 그렇게 살아가는 것이 복음이다. 16세기 아나뱁티스트들은 예수의 제자로 그렇게 살다가 고난을 당했으며, 그들처럼 그렇게 죽어갔다.

본서의 출간을 진심으로 축하하며, 아울러 16세기의 아나뱁티스트 운동이 21세기 한국 땅에서 작지만, 역동적인 모습으로 확산해 가고 있음에 진심으로 기쁘게 생각한다. 부디 그들처럼 살다가, 그들처럼 고난받고, 그들처럼 죽어가면서도 "더 좋은 부활의 삶"히11:35을 확신하기에 당당할 수 있길 기도한다.

역자 서문

아나뱁티스트 교회의 일원인 나는 가끔씩 "나는 아나뱁티스트 그리스도인인가?"라는 질문을 스스로에게 던질 때가 있다. 아나뱁티스트 교회에 다니는 사람으로서 과연 나 자신은 아나뱁티스트 그리스도인으로서 올바른 정체성을 가지고 있는지 의문이 들었기 때문이다. 사실 역사는 이들을 자신의 신앙을 위해 목숨까지도 아끼지 않았던 믿음의 선조들이라고 기록하였다. 이러한 사실을 잘 알고 있지만, 21세기를 사는 우리에게 그것이 어떠한 의미를 갖는지 적잖은 의문이 있었다.

그러한 때에 "우리가 함께 믿는 것"이라는 책을 만났고, 이를 번역하게 되었다. 이 책의 역자로서, 그리고 그리스도인으로서 그간 가졌던 정체성에 대한 의문을 명확하게 정리 수 있는 기회를 갖게 되었다. 이 책은 그리스도인으로서 온전한 신앙고백 하에 믿음의 본질을 지키고 회복시키기 위해 수많은 사람들이 끊임없이 앞으로 나아가는 순례의 삶을 살고 있다는 사실과 이러한 여정으로 초대된 사람들이 적지 않다는 사실을 보여주었다. 이 책은 전 세계에 분포해 있는 아나뱁티스트들이 함께 고백하는 공유된 가치들이 무엇인지 보여준다.

이러한 고백이 분명히 존재함에도 불구하고, 역사 속의 교회는 서서히 세상을 향한 선한 영향력을 잃어버렸다. 그래서인지 한국에는 "교회란 무엇인가?"라는 본질적인 질문이 끊이질 않고 있다. 이는 주님을 알고, 그 분의 사랑을 경험한 성도들이 교회의 본래 모습을 추구하기 위한 질문임과 동시에 "나는 누구인가?"라는 자기 정체성에 대한 질문이기도 하다. 구약시대 예언자들을 통해서 들려 주셨던 하나님의 탄식과 성전을 바라보며 눈물을 흘리셨던 그리스도의 안타까움이 21세기에 오버랩되어 우리에게 다가오는 느낌이다. 그렇게 하나님은 당신의 백성, 이스라엘을 바라보며 새 이스라엘을 회복하시기 원하셨다. 그렇게 슬프고 아린 마음으로 교회를 바라보신 예수 그리스도는 이전의 성전을 허물고 자신의 몸을 통해 교회의 회복을 더욱 간절히 원하셨다. 이런 의미에서 이 책 "우리가 함께 믿는 것"은 세상 속에서 "보이는" 교회, 예수님의 현존하심을 드러내는 교회의 회복을 꿈꾸고 소망하는 성도들에게 가뭄 속의 한 줄기 소나기가 될 것이다.

개인적으로 이 책은 자신의 정체성을 다시금 점검하게 해줄 것이다. 동시에 공동체적으로는 세상의 빛이요 소금으로 부름 받은 교회의 역할을 새롭게 조명해 줄 것이다. 저자는 현대 교회가 특별히 부족하다고 여기는 공동체성의 회복, 평화 실현, 혼탁한 세상의 문화를 정화시키는 사역에 이르기까지 사회 속에서 교회가 감당해야 할 많은 역할에 대해 진지하게 고민해보도록 초청하고 있다. 복음과 성령의 능력이 사회와 잘 호환되지 못하는 현실상황에서 이를 온전히 극복하는 모습이 교회에 주어진 당면한 과제임을 인식시켜주고 있다. 진정 간절한 마음으로 바라고 실천한다면, 이 책에 소개되는 회복의 구체적인 사례들을 통해 우리 교회의 사역을 세우고 실제화 하는데 중요한 팁이 될 것이다.

이 시대에 속한 사람으로서 교회의 회복을 꿈꾸는 자들은 비단 교회 안의 성도들에만 국한되지는 않을 것이다. 그리스도인들에게 더 엄격한 성결함과 차별성을 기대하는 세상 사람들조차 교회의 회복을 원하고 있다고 믿기 때문이다. 저자는 교회의 역할을 새로운 피를 공급해주는 신장의 역할에 비유하였다. 이는 사회의 온갖 노폐물과 죄악들을 걸러서 깨끗한 피로, 새로운 생명으로 공급해주는 그런 역할을 교회가 감당해야 한다는 저자의 역설한다. 피를 맑게 하듯이 교회가 사회 속에서 세상을 맑게 하는 역할을 감당한다면, 그것은 악의 권세에 눌려있는 이 사회와 문화에 혁신을 일으키는 그리스도인의 새로운 창조적 운동이 될 것이며, 이로 인해 교회 밖에 있는 사람들도 여호와의 영광을 인정하게 될 것이다.

물이 바다를 덮음 같이, 여호와의 영광을 인정하는 것이 온 세상에 가득하기를 기도하며.

이정남, 김영희

일러 두기

『우리가 함께 믿는 것: 아나뱁티스트 관련 교회들이 "공유하는 신념"에 대한 연구』는 메노나이트 세계협의회(Mennonite World Conference)와의 협력아래 출판되어 전 세계 아나뱁티스트–메노나이트들이 꼭 읽어야 할 필독서로 선정되었다. 메노나이트 세계협의회(이하 MWC)는 문헌을 통해 공동의 교회를 이루기 위한 일환으로 매년 한 권의 도서를 선정하여 회원교회들이 그 책을 연구하고 번역한다.

메노나이트 세계협의회는 16세기 유럽의 급진적인 개혁, 특히 아나뱁티스트 운동에 기원을 두는 세계 기독교 교회 공동체이다. 2014년 기준 1,700,000명의 성도들이 이러한 신앙 가족에 포함되어 있다; 적어도 60%는 아프리카인, 아시아인, 라틴 아메리카인이다.

MWC는 6개 대륙 53개 국가들에 속한 97개 메노나이트 혹은 그리스도 안의 형제교회를 대표한다.

MWC는 (1) 아나뱁티스트 전통에서 전 세계적인 신앙 공동체를 이루기 위해, (2) 전 세계의 아나뱁티스트 관련 교회들 사이의 공동체를 돕기 위해, (3) 다른 기독교 세계 연합들 및 기관들과 연계하기 위해 존재한다.

※ MWC 본부는 프랑스 스트라스부르그와 콜롬비아 보고타에 있다. 더 많은 정보를 위해 웹사이트 www.mwc-cmm.org를 방문하기 바란다.

서 론

래 리 밀 러Larry Miller

메노나이트 세계협의회 사무총장 / 프랑스 스트라스부르그

메노나이트 세계협의회MWC는 전 세계에 분포하는 아나뱁티스트 관련 교회들의 공동체이다. 몇 년 전, MWC의 믿음과 생활 분과위원회Faith and Life Council는 MWC 회원 교회들이 공동으로 믿는 것이 무엇인가 발견하고자 계획을 수립하였다.

MWC 회원 교회들은 자신들의 기원을 직·간접적으로 아나뱁티스트 운동, 즉 16세기 급진적 개혁운동에 두었다. 아나뱁티스트 후손들은 현재 전 세계적으로 적어도 170만의 세례 받은 성도들이 있다. 이들의 대부분은 약 53개국의 MWC에 속한 97개 교단national churches의 회원들이다.

공동의 고백문이 없이 느슨한 관계를 갖고 있음에도 불구하고, 이 교회들은 서로 더 많은 교류와 협력을 이루어 가고 있다. 이러한 교회들은 서로에 대한 인식과 지지를 늘려가고 있으며, 서로에 대한 조언과 상호책임을 늘려가고 있다. 그러나 이렇게 흩어져있는 교회들이 어떻게 동일한 기본적인 믿음의 고백을 할 수 있을까?

믿음과 생활 분과위원회는 회원 교회들의 신앙고백을 모아 비교해 보았다. 그리고 이 분과위원회는 신앙고백, 즉 "공유하는 신념"을 작성하기 위해 7명으로 구성된 국제적인 연합체를 조직하였다.

공유하는 신념은 믿음과 생활 분과위원회Faith and Life Council가 충분히 검토하고 논의한 후, MWC 공동체에 소속된 97개 교회의 대표들로 구성된 MWC 대표위원회가 다시 검토하고 논의하였다. 대표들은 자신들이 속한 교회와 상의하면서 그들의 지역교회와 교단에 추천할만한 합의문을 만들어 내기까지 3년 이상 고집스러운 인내로 작업하였다.

그 결과, 325개 단어로 이루어진 "전 세계 아나뱁티스트들이 공유하는 신념"이라는 문서가 만들어졌다. 이 선언문은 의도한 바대로 매우 참신하면서도 솔직·분명하며, 간결하면서도 포괄적이다.

이 성명서는 2006년 3월 MWC 대표위원회의 합의 아래 받아들여지고, 토론하고, 승인되었다. 그 이듬해에, 메노나이트 세계협의회는 파라과이 Asuncion의 신학교수이며 교회 리더인 저자에게 7개의 공유하는 신념들에 대해 연구하고 책을 저술하도록 의뢰하였다. 우리가 함께 믿는 것에서, 알프레드 뉴펠트는 일곱 가지 관점에 역사적이고 신학적인 배경과 성경적 근원을 제시하였고, 현재 어떻게 이러한 신념들이 전 세계에서 지속적으로 표현되고 있는지 제시하였다. 신학적으로 다양한 분포의 MWC 회원교회들이 알프레드의 초안을 읽고 평론하였으며, 최종견해를 제공하였다. 각 장의 끝에, 편집자인 필리스 펠만 굿Phyllis Pellman Good이 제시한 질문들은 이 책의 내용을 쉽게 토론할 수 있도록 준비한 것이다.

MWC는 우리가 함께 믿는 것이 지역교회, 각 나라의 교단교회 그리고 각각의 회원들이 함께 전 세계 믿음의 가족을 함께 형성해 나가면서 더 깊은 영적 동료애를 발견해 나가며 더 신실한 삶을 살아가기를 희망한다.

"공유하는 신념 Shared Convictions" 합의문

우리는 하나님의 은혜로 예수 그리스도 안에서 화해의 복음good news을 선포하며 실천한다. 우리는 항상 어느 곳에 있든지 그리스도의 지체로서 아래와 같은 내용을 믿음과 행함의 중심으로 삼는다.

1. 성부, 성자, 성령이신 하나님은 사람들을 부르셔서 신실하게 교제하고, 예배하고, 봉사하고, 증거하게 하시고, 타락한 인류를 회복시키시는 창조주이시다.

2. 예수님은 하나님의 아들이시다. 예수님은 그의 삶과 가르침, 십자가와 부활을 통해 우리에게 어떻게 신실한 제자가 될 수 있으며 세상을 구원하셨는지 보여주셨고, 영생을 주신다.

3. 우리는 교회로서 죄로부터 돌아서고, 예수 그리스도를 주로 시인하고, 믿음의 고백 하에 세례를 받고, 삶에서 그리스도를 따르라는 하나님의 성령의 부름을 받은 사람들의 공동체이다.

4. 우리는 신앙공동체로서 성령의 인도 아래 성경을 함께 해석하고 예수 그리스도의 빛 안에서 우리의 순종이 하나님의 뜻임을 분별하는 가운데, 믿음과 삶을 위한 권위로 성경을 받아들인다.

5. 우리는 예수님의 영으로서 삶의 모든 영역 속에서 주님을 신뢰하여 폭력을 포기하고, 원수를 사랑하며, 정의를 추구하고, 가난한 자들과 우리의 소유를 나누는 평화건설자로 살아간다.

6. 우리는 상호책임의 정신 아래 함께 예배하고, 주님의 만찬을 기념하고, 하나님의 말씀을 듣기 위해 정기적으로 모인다.

7. 우리는 신앙과 삶의 세계 공동체로서 국적, 인종, 계층, 성별, 그리고 언어의 경계를 초월한다. 우리는 이 세상 속에서 살면서 악한 권세에 순응하지 않으며, 이웃을 섬김으로 하나님의 은혜를 증거하며, 하나님이 만드신 피조물을 돌보며, 모든 이들이 우리의 구세주이시며 주인 되시는 예수그리스도를 알도록 초청하는 삶을 살아간다.

이러한 신념들 안에서 우리는 예수 그리스도를 향한 급진적인 제자도의 본을 보였던 16세기 아나뱁티스트 선조들로부터 영감을 받는다. 우리는 확신 가운데 그리스도의 재림과 하나님 나라의 최종적인 실현을 기다리며, 성령의 능력을 따라 예수님의 이름을 따라 사는 삶을 추구한다.

2006년 3월 5일 캘리포니아 파사데나에서 메노나이트 세계협의회 채택

복음 GOOD NEWS

우리는 하나님의 은혜로 예수 그리스도 안에서 화해의 복음을 선포하며 실천하는 삶을 추구한다. 항상 어느 곳에서든지 그리스도의 한 지체로서, 우리는 아래와 같은 내용을 믿음과 행함의 중심으로 삼는다.

하나님의 은혜만이 우리에게 능력을 줌

인간이 가장 이해하기 어려운 사실과 가장 놀라운 기적은 하나님의 은혜이다. 왜 하나님께서는 교만하고 반항적인 인간에게 관심을 가지시는가?

왜 선한 목자는 99마리의 양을 내버려두고 잃어버린 한 마리 양을 찾아 나서는가? 어떻게 예수님은 십자가에서 자신을 괴롭히고 가혹하게 대하던 사람들에게 온화함으로 반응하실 수 있었는가?

예수님과 함께 했던 삶을 기록한 사도 요한은 "우리는 그의 영광을 보았다…. 그는 은혜와 진리가 충만하였다. 우리는 모두 그의 충만함에서 선물을 받되, 은혜에 은혜를 더하여 받았다"요1:14-17라고 말했다.

사가랴와 엘리사벳과 함께, 신약에서 하나님의 은혜에 대해 감격했던 첫 번째 사람은 예수님의 어머니 마리아였다. 인류를 구원하시려는 하나님의 은혜의 역사 속에서 해야 할 역할을 알고 받아들였을 때, 마리아는

이러한 은혜를 찬양하기 위해 훌륭한 시를 지었다.눅1:30-35

은혜는 하나님 사랑의 값없는 선물이다. 이것은 인류의 행복을 위한 것이지만, 사람들은 이 은혜를 받을 만한 자격이 없으며, 이 은혜에 대해 가격을 지불할 수도 없다. 사도 바울은 초기 그리스도인들을 박해했던 폭력적인 광신도였다. 그러나 예수 그리스도를 만났을 때, 사도 바울은 급격한 변화를 경험하였다. 바울은 "그 은혜가 얼마나 풍성한지를 장차 올 모든 세대에게 드러내 보이시려"는 하나님의 목표를 알게 되었다. 그는 사람들이 행하는 모든 선한 행위 뿐 아니라, 구원도 하나님의 은혜가 개입된 결과라는 것을 발견하였다.엡2:7-10

히포의 성 어거스틴은 4세기경의 젊고 똑똑한 북 아프리카인이었다. 철학에 대한 열정과 무질서한 삶 이후에, 그는 어머니 모니카의 지속적인 기도 덕분에 그리스도의 구원의 역사를 경험하였다. 교회의 위대한 교사로서 성 어거스틴은 "은혜의 치료자Doctor of Grace"로 기억된다.

마틴 루터는 죄책감으로 힘겨워하던 독일 수도사였다. 바울의 신앙을 연구하면서 마틴 루터는 우리가 성취하는 것이 하나님의 시각에서는 중요하지 않다는 사실을 발견하였다. 더욱이 "하나님의 능력은 약한 데서 완전하게"고후12:9되기 때문에, 하나님의 은혜로 충분한 것이다. 아내 카타리나와 함께 한 마틴 루터의 거대한 개혁 운동은 "오직 은혜만으로sola gratia, grace alone"에 대한 그의 이해 안에서 이루어진 것이다.

메노 사이먼스는 16세기 네덜란드의 가톨릭 사제였다. 그는 표면적으로 사제로서의 의무를 수행하였고, 돈과 놀음에 더 열중해 있었다. 그러나 자신을 변화시키시는 하나님의 은혜를 경험했을 때, 그는 아내 거트루드와 함께 널리 퍼져있던 아나뱁티스트 성도들을 위한 신실하고 인내심 많은 목회자와 교사가 되었다.

아놀드 슈나이더는 아르헨티나로 간 메노나이트 선교사의 아들이었다. 그럼에도 불구하고 1968년의 학생 반란은 그를 록 음악과 약물로 끌어들였다. 그러나 그는 변화를 경험했고 "나는 하나님의 은혜를 경험한다는 것이 무엇을 의미하는지 압니다."라고 말했다. 그는 아나뱁티스트 신학을 연구하는 교수요 연구자가 되었다. 전 세계 메노나이트 가족을 위해 쓴 그의 저서 『재세례신앙의 씨앗으로부터』2003년 KAP 역간에서 아놀드 슈나이더는 은혜에 대한 아나뱁티스트의 이해를 다음과 같이 요약하였다:

하나님의 은혜는 이전의 죄인들에게 새 생명을 주시고, 이들을 새로운 창조물로 만드신다. 성령으로 다시 태어나 새 생명을 얻은 성도들은 성경에서 하나님의 뜻을 해석하고 이해하며 새로운 삶을 살아가게 된다.

우리는 복음을 실천하며 선포한다

만약 우리가 진정한 그리스도인이라면, 우리의 삶과 우리의 말이 일치되어야 한다. 실제로, 우리의 믿음과 삶이 최대한 일치된다면, 우리의 대화와 증언은 신뢰를 얻을 것이다.

예수 그리스도의 구하는 은혜는 구원과 선한 행위를 가능하게 하고, 이 둘은 복음의 선포를 위해 필수적이다. 인간과 대화하실 때, 하나님은 행함을 통해 그리고 말씀을 통해 대화하셨다. 하나님은 이집트에서 노예생활을 하던 이스라엘을 구원하셨고, 약속된 땅에서 새로운 삶을 살아가도록 규례와 율법을 주셨다. 하나님의 예언자들도 행함과 말씀을 통해 메시지를 전달하였다. 예수님 자신도 그의 제자들에게 "대 계명great command-ment"과 "대 사명great commission"을 주셨다.

예수님은 하나님을 사랑하고 이웃을 사랑하는 것이 가장 큰 계명이라고 가르치셨다.^{마22:37~40} 복음은 하나님께서 자신의 사랑을 우리 마음에 부어주시는 것이다.^{롬5:5} 그리고 성경은 사랑이 말이 아니라 행함으로 이루어져야 한다는 것을 명확히 하고 있다.^{요일3:18} 예수님은 총체적인 선교를 추진하셨고 제자들에게 "아버지께서 나를 보내신 것 같이, 나도 너희를 보낸다"^{요20:21}라고 말씀하셨다.

마지막의 대 사명에서,^{마28:18} 예수님은 제자들을 보내셨고 이들은 모든 민족으로 제자를 삼게 되었다. 그 사명은 세례를 주고, 가르치고, 예수님의 명령을 지키라는 명령을 포함한다. 그리스도인의 소명은 제자가 되고 제자를 삼는 것 모두이다.

화해는 예수 그리스도를 통해 온다

폭력, 갈등, 학대, 전쟁, 충돌, 불의, 상호비방 – 이것은 우리가 매일 듣는 뉴스이다. 역사를 통해 인류는 의견 차이를 증오와 복수로 해결하려고 할 때 너무나 많은 나쁜 경험들을 해왔다. 여전히 우리는 이러한 악의 문제를 해결할 수 없을 것 같은 느낌을 받는다.

성경은 예수 그리스도가 적대감과 폭력을 극복하도록 능력을 주신다고 말하며, 우리는 경험을 통해 이것을 확인한다. 이것이 복음과 우리 사명의 핵심이다. 사막에서 하나님의 사람들을 양성한 후에, 모세는 일 년에 한 번 화해의 대축일을 정하였다.레23:27 대희년Jubilee과 함께레25:9-10 이러한 축하 의식은 하나님과의 화해와 공동체 안에서의 화해를 확립하기 위한 것이다.

그리스도가 오심으로 해서, 지속적인 화해의 소망이 실현되었다. 대희년Jubilee과 적대감의 극복은 믿는 자들의 공동체를 위한 영구적인 실천 사항이 되었다.눅4:17-21 믿음의 공동체Faith community는 하나님과 서로 간의 화해를 추구하는 것이 목적일 뿐 아니라, 화해의 사명을 갖는다. 더욱이 하나님은 화해를 위한 대사ambassador가 되도록 믿음의 공동체를 부르신다.고후5:14-21

어떻게 그렇게 숭고한 사명을 실질적으로 수행할 수 있는가? 첫째, 그리스도의 사랑이 추진력이다.14절 그리스도의 죽음은 헌신service의 삶을 살도록 우리를 자유롭게 했다. 또한 그리스도는 적대감을 이끌어내는 편견으로부터 우리를 해방시키셨다.16절 그리스도를 만나 우리의 경험은 창조적이고 우리를 변화시키는 힘이 된다. "누구든지 그리스도 안에 있으면, 그는 새로운 피조물입니다. 옛 것은 지나갔습니다. 보십시오, 새 것이 되었습니다."17절

화해는 하나님의 마음에서 온 것이다. 하나님이 그리스도를 보내셨을 때, 역사상 중요한 화해의 과정을 시작하셨다. 하나님 자신이 그 중요한 계획을 세우셨고, 그 결과로 세상은 창조주와 화해할 수 있게 되었다. 그

리고 하나님은 그리스도의 목소리와 화해의 대사가 되는 권한을 우리에게 위임하셨다.18-21절

우리는 그리스도 몸의 한 부분이다

그리스도의 교회는 2000년을 기념하려 한다. 오순절에, 제자들은 하늘로부터 오는 능력을 받았고, 그리스도 안에서 하나님께서 행하신 놀라운 일을 선포하였으며, 3,000명의 사람들에게 세례를 베풀었다. 오늘날 그리스도를 따르는 사람들의 공동체는 믿음을 표현하고 실천함에 있어 여러 모습과 다른 전통, 다양한 구조, 다양한 방법을 가지고 있다. 너무나 슬프게도 그리스도를 따르는 사람들 사이에 균열, 대립, 비방 등이 있었다. 그래서 다음과 같은 질문이 생긴다. 보편적인 교회에 대해 이야기하는 것이 가능한가? 그리스도의 한 몸에 대해 이야기하는 것이 가능한가? 그리고 아나뱁티스트 메노나이트 교회는 보편적인 교회의 부분인가? 만약 그렇다면, 아나뱁티스트 메노나이트 교회는 하나인 그리스도의 몸에서 어떤 위치를 차지하고 있는가? 이러한 질문을 해결하기 위해, 우리는 네 가지 사실을 기억해야할 필요가 있다:

● 그리스도가 하늘로 올라가신 후에, 하나님은 세상에서 그리스도를 볼 수 있도록 교회를 선택하셨다.
● 그리스도를 따르기로 결심하고 그리스도를 주Lord와 구원자Savior로 선포하는 모든 사람들은 교회에 속한다.

● 지역 교회들은 그리스도의 한 몸이자 보편적이고 전 세계적 교회인 "어머니"로부터 나온 "딸들"이며, 확장이고, 반영이다.
● 지역 교회들과 교파들 사이에 존재하는 많은 차이점이 반드시 부정적인 것은 아니다. 차이점은 풍성함이 될 수 있다.

각 교파들이 하나님께서 각 교파의 역사를 통해 교회에 위임하신 특별한 은사를 다른 교회들과 공유한다면, 또한 지속적으로 자기 비판적이고, 보편적인 교회로부터 오는 수정사항들을 받아들인다면, 우리는 서로를 풍요롭게 하고 하나 됨 안에서 성장해 갈 수 있을 것이다.

우리는 과거로 연결되어 있으며 여러 장소에 흩어져 있다

교회로서, 우리는 하나님의 구원사의 부분이다. 그러므로 우리는 믿음의 선구자들인 아브라함과 사라의 길을 가며, 사도 교회의 믿음과 실천에 헌신한다. 우리는 교회 역사에서 우리보다 앞서 있었던, 그리고 현재 전 세계에서 우리와 동행하고 있는 "수많은 증인들"히12:1을 존경한다.

그렇지만, 모든 시대에, 모든 장소에서, 그리고 모든 문화에서 우리는 "믿음의 창시자요, 완성자이신 예수를 바라보기"위해 서로를 권면한다.히12:2 우리는 종종 그리스도인의 교제 Christian fellowship를 더럽혔음을 고백한다. 가끔 우리는 진리를 추구할 때 겸손이 부족하다는 사실을 고백한다. 우리의 지식이 제한적이라는 사실을 인정하는 것은 어려운 일이다.고전

13:12 우리는 우리 자신만의 관점을 통해서 사물을 보고 있다는 사실을 잘 믿지 못할 때가 있다.

우리는 개인적인 인생 여정, 국적, 문화적 배경이 사물을 보는 방법을 결정한다는 사실을 잊는다. 우리는 다른 문화, 다른 교회, 다른 국가의 실수와 결점을 본다. 그러나 우리는 우리 자신의 문화, 우리 자신의 교파, 우리 자신의 국가가 짓는 죄는 좀처럼 인정하지 않는다.

명확히 보는 것은 용서와 화해에 대한 우리 자신의 필요성을 인식하게 해준다.

우리는 서로 다름에도 불구하고 믿음과 실천에 대한 주요 신념들을 공유한다

보편적인 교회가 함께 지키고 있는 것들은 무엇인가? 황제 숭배에 대항한 사도교회는 시이저가 아니라 그리스도를 주"Christos kyrios"로 선언하였다. 자신들의 정체성을 나타내는 비밀 코드로서 예수 그리스도, 하나님의 아들, 구세주의 첫 글자로 된 물고기라는 단어를 사용했다. 수백 년 간 그리고 오늘날에도 삼위일체와 그리스도론에 대하여 어떤 면에서는 최초의 교회연합회가 만든 사도신경은 모든 그리스도인들을 위한 공통의 기반을 제공했다.

아나뱁티스트 메노나이트 신앙의 혈통은 16세기의 급진적 개혁자들에게서 기원한다. 급진적 개혁의 주요 공적은 그리스도를 따르는 것이 정부와 이들의 압력에 의해 강요되어서는 안 된다는 사실을 모든 사람들에게 일깨워주었다는 점이다. 더 정확히 말하면, 아나뱁티스트 개혁자들은 가시적이고 자발적인 신자들의 공동체가 일상의 삶에서 그리스도를 따르는 것을 선택해야 한다고 믿었다. 이들의 공통된 확신은 1527년 슐라이타임 신앙고백Schleitheim Confession과 1540년 메노 사이먼스의 신앙의 기본원리Fundament book에 부분적으로 요약되어 있다. 이들은 다음과 같은 교회의 비전을 회복하기를 원했다.

- 구원을 위해 그리스도를 신뢰하는 교회
- 원수를 사랑하신 그리스도의 사랑을 본받아, 삶에서 그분을 따르는 교회
- 이 땅에서 하나님 나라와 미래의 천국 도시를 반영하는 공동체를 형성하는 교회

약 5백년 세월이 지난 후, 많은 이민과 선교 활동을 거친 초기 아나뱁티스트의 후손들은 다양한 국가, 언어, 문화적 배경의 수많은 전통, 교회 문화, 우선순위, 교리구조, 교회의 실행 예식 및 특별한 표현들을 받아들이고 있다. 이러한 세월의 흐름 속에서 메노나이트 세계협의회Mennonite World Conference 리더십과 더불어 아나뱁티스트 메노나이트 신앙 가족은 장기간의 세부적인 과정에 착수했다. 이 과정의 목표는 엄청나게 다른 문화, 역사, 교회의 실행예식에도 불구하고, 우리가 지금 가지고 있는 공동의 신념convictions은 무엇인가를 발견하는 것이다. 우리는 모두가 공유하는 핵심적인 신념들에 대해 기쁨으로 합의했다. 이러한 신념들은 이후의 일곱 장에서 설명되고 탐색되었다.

1. 하나님의 은혜를 표현하는 행동들이나 태도들을 열거하십시오.

2. 우리가 아는 사람들의 삶에서 이러한 행동이나 태도들을 관찰한 것이 있습니까? 만약 있다면, 그러한 이야기나 예들을 나누어 보십시오.

3. 그리스도인들에게 우선적으로 중요한 것은 어떤 것입니까? 우리는 무엇을 믿고 또 어떻게 행동합니까? 왜 그렇습니까?

4. 우리는 개인이나 성도의 몸으로서 "화해의 대사ambassadors of reconciliation"라는 실제 역할을 감당하기 위해 어떠한 입장을 취합니까?

5. 그리스도의 몸이 정말 하나입니까?

6. 아나뱁티스트 관련 교회들이 그리스도의 몸 안에서 차지하는 입장에 대해 어떻게 설명하시겠습니까?

7. 우리가 그리스도께서 요청하신대로 행하지 못하도록 우리의 시야를 가로막는 것이 있다면 무엇입니까? 만약 우리가 지구촌의 한 가족으로 기능한다면, 전 세계의 형제와 자매들이 우리에게 지적할 약점은 무엇이겠

습니까?

8. 슐라이타임 신앙고백Schleitheim Confession이 밝히고 있는 세 가지 요점이 우리가 이해하는 교회의 본질적인 내용을 잘 대변해 주고 있습니까? 뭔가 중요한 것이 빠져있다면 무엇일까요?

1. 우리는 하나님 아버지에게 영광을 드린다

성부, 성자, 성령이신 하나님은 사람들을 부르셔서 신실하게 교제하고,
예배하고, 봉사하고, 증거하게 하시고, 타락한 인류를 회복시키시는 창
조주이시다.

하나님은 성부, 성자, 성령의 하나님이시다

하나님은 우리의 사고방식과 생각의 능력을 초월하신다. 어떻게 성부,
성자, 성령이 하나라는 것을 알 수 있는가? 어떻게 우주의 창조주가 인간
의 육신을 취하시고 우리와 똑같이 되셨다는 것을 이해할 것인가? 그 분
이 우리와 함께 걸으며, 우리의 형제, 친구, 그리고 교사가 되었다는 것을
어떻게 이해할 것인가? 예수 그리스도 안에서 하나님의 영이 우리에게 성
부의 성품을 나타내셨다는 것을 어떻게 이해할 것인가? 심지어, 인간인
우리에게 성부, 성자와 신성한 교제를 나누도록 허락하시며, 그 분이 우
리 안에 거하신다는 것을 어떻게 이해할 수 있겠는가?

성 어거스틴이 한 다음의 말은 옳다: "Si comprehendis, non est Deus."
만약 당신이 신을 완전히 파악하고 이해한다면, 그것은 하나님이 아니
다." 하나님은 하나님을 정의하려는 모든 우리의 노력에서 벗어나신다.
우리의 논리나 우리의 언어로 그분을 가둘 수 없다. 그럼에도 불구하고,

하나님은 스스로를 정의하시고 예수 그리스도 안에 스스로를 나타내신다. 예수님 스스로 "나를 본 사람은 아버지를 본 사람이다."요한복음 14:9라고 말씀하셨다. 또한 사도 요한은 다음과 같이 확인하였다: "일찍이 하나님을 본 사람이 없으나, 아버지의 품속에 계시는 독생자이신 하나님이 그분을 나타내 보이셨다."요1:18

성령이 오셔서 예수께서 가르치시고 위임하셨던 모든 일들을 하도록 제자들을 일깨우셨다. 성령으로 우리는 성부 하나님께 기도할 수 있다.롬8:26 성령으로 우리는 다른 문화에 속한 사람들과 교제할 수 있다.행10 두 경우 모두 성령께서 주신 언어의 은사가 의사소통을 가능하게 한다. 성령이 오시면, 성부 하나님에 의해 주어진 권위로 예수님이 통치하시는 신앙 공동체가 나타난다. 이러한 성령의 나라는 죄로 말미암은 파괴를 완전히 바꾸어 가는 새로운 공동체이다.

삼위일체 하나님 안에서 기독교 신앙은 적어도 다섯 가지 차원의 소망을 제시한다.

- 성부, 성자, 성령 하나님은 그 자체로 공동체이신 하나님이시다.
- 삼위일체의 삼위persons는 기독교적 관계의 모형을 제공한다.
- 하나님 안에서 그리고 그리스도의 한 몸 안에서의 다양성은 위협이나 위험이 아니라 선물이자 풍성함이다.
- 창조, 구속, 변혁을 위한 성부, 성자, 성령의 통합된 역사하심은 하나님 나라의 특성과 교회의 총체적인 사명을 나타낸다.
- 우리를 거룩한 삼위일체 안에서 신령한 교제divine fellowship의 일부가 되게

하신 성령의 역사에 감사한다.

우리는 결혼 및 가족이라는 인간의 제도와 거룩한 삼위일체 안에 존재하는 관계 사이의 유사성을 자연스럽게 생각하지 못한다. 그러나 성경은 신적인 존재를 설명하기 위해 가족으로부터 오는 관계적인 이미지들을 자주 사용한다. 우리가 인간적으로 경험하는 아버지의 모습이 어떠하든지 관계없이, 하나님은 그 모든 것을 능가하신다.엡3:14,15 한 예언자는 하나님이 주시는 긍휼과 위안을 어머니로부터 오는 긍휼과 위안에 비교한다.사66:13 또한 성경에서 우리는 남편과 아내가 맺은 언약과 같이 하나님께서 자신의 백성들과 언약을 맺으시는 것을 본다. 인간의 결혼 언약은 신실함의 특징을 나타내며 해체해서는 안 되는 것이다. 부부의 사랑을 노래한 아가서에 나타난 것처럼, 예수님과 교회는 신부와 신랑이 갖는 매우 깊은 관계를 맺고 있다.

아버지에 대한 사랑과 순종에 있어서 예수님은 완벽한 아들이시다. 그리고 아버지 하나님은 그 아들을 특별히 사랑하신다.요3:35 동시에 그 아버지는 모든 "잃어버린 아들"을 동일하게 사랑하신다.

그리스도인 가족 관계는 하나님의 성품을 본받음으로 영감을 얻는다.엡5:21-6:9 더 나아가 성령은 하나 됨과 평화로 묶어주신다.엡4:3

창조주는 회복자이시다

우리는 이 땅과 땅의 모든 것들이 하나님께 속한 것이며 하나님의 창조

사역에 의해 시작되었다는 것을 믿는다.시24:1,2 하나님은 공간과 시간에 의해 또는 자신의 창조에 의해 제약을 받지 않으신다. 그 분은 세상을 시작하셨고, 인류 역사에 완성을 가져오실 것이다.

우리는 하나님이 창조하실 때 모든 과학적인 세밀함이나 관련된 역사상의 중요한 순간들을 알지 못한다. 그러나 우리는 창조의 지식, 아름다움, 복잡성, 그리고 다양성 너머에 지혜로운 창조주가 계시다는 사실을 확신한다. 하나님은 세상을 창조하셨을 뿐 아니라, 지속적으로 세상을 돌보고 계시며 말씀과 성령으로 세상을 유지하고 계신다.

악의 힘과 인간의 반역은 하나님께 죄를 지으며 하나님의 창조를 타락시킨다. 그러나 하나님 스스로 자신이 창조하신 것을 회복시키기 위한 계획을 세우신다. 하나님은 자신의 손으로 지으신 것을 결코 버리지 않으신다.시138:8 더 나아가 하나님은 자신의 아들 예수 그리스도를 보내시고 자신의 성령을 부어주심으로써 새로운 창조의 사역을 지속하고 계신다.

그리스도를 따르고 성령의 권능을 아는 사람들은 자신들의 이미 새로운 창조를 경험했고 지속적으로 경험하는 사람들이다. 이러한 경험과 더불어 그들은 회복 사역의 대리인이 된다. 예수 그리스도에 의해 시작되고 성령의 권능으로 촉진되는 하나님 나라는 이렇게 새 창조와 더불어 살고 생명을 증거한다.

예수님은 제자들에게 "나라가 임하게 하시오며, 뜻이 하늘에서 이루어진 것같이, 땅에서도 이루어지게 하시옵소서"라고 기도하도록 가르치셨다.마6:10 교회는 자신들의 공동체와 공동체를 넘어선 곳에서 이러한 하나님 나라를 목격하며, 이러한 기도가 현실로 변화되는 기쁨을 보기 시작한다. 그리스도를 따르는 사람들은 천국, 즉 새로운 예루살렘으로부터 이미 자신들의 정체성과 시민권을 얻었다.^{빌3:20} 산자와 죽은 자를 심판하시고 천국과 이 세상을 영원히 재통합하시기 위해 영광 속에서 다시 오실 그리스도께서 완전하게 회복시키는 새로운 창조는 모두에게 증거가 될 것이다.

인류는 타락했다

우리 인간들도 하나님의 거룩한 목표와 계획안에서 시작되었다. 하나님은 남성과 여성으로 사람을 창조하시고, 창조세계를 돌보며 하나님과 친히 교제하고 서로 돌보며 살도록 계획하셨다.

우리는 악의 근원이 무엇인지 전혀 알지 못한다. 그러나 우리는 역사와 현재 우리 시대의 모습을 통해 악이 얼마나 파괴적인 힘을 갖고 있는지 잘 알고 있다. 창조된 인류는 하나님과의 연합을 저버렸고 심지어 하나님에 대항하여 반역했다. 이때부터 여러 형태의 죄와 인간의 고통이 생겨났으며, 창조주가 계획하셨던 삶의 방식과 인간과 창조주 사이의 관계가 파괴되었다.

창세기에서의 보고에 따르면, 인류의 첫 번째 부부는 자신들에 대한 하나님의 선한 의도를 신뢰하지 않았다. 그들은 하나님과 동등하거나 심지어 하나님보다 우월하기를 원했다. 오늘날에도 인류는 여전히 그들의 불신과 반역의 행동에 참여하고 있다. 그들의 선택은 비극적인 결과를 초래

했다. 인류는 존엄성을 잃고 수치심을 느끼기 시작했으며, 자유를 잃고 죄의식을 느끼기 시작했으며; 하나님에 대한 신뢰를 잃고 두려움을 느끼기 시작했다.

인류는 하나님의 이미지로 창조되었고 하나님의 생명호흡을 받았다. 그러나 이러한 거룩한 원천은 죄로 인해 치명적인 타격을 입었다. 비록 인류를 쓸어버리지는 않으셨지만, 하나님의 형상은 종종 고통스럽게 일그러진 모습으로 표현되었다.

우리는 하나님의 성품과 인간의 성품 사이에 극심한 차이가 있다고 인식한다. 그럼에도 불구하고, 인간으로서 우리는 우리의 창조주와의 회복된 관계에 도달할 가능성과 소명을 갖고 있다. 그리스도 안에서 창조주는 우리의 아버지가 되시고 우리를 자녀로 입양하시길 원하신다.

하나님은 신실한 사람들을 부르신다

성부, 성자, 성령의 교제 안에서 자신을 드러내시는 하나님은 "한 민족"을 통해 거룩한 공동체를 회복시키려 하신다. 이 민족은 아무런 조건 없이 하나님께 헌신해야한다. 성경은 하나님께서 자신을 기꺼이 믿고 따르며 충성을 다할 사람으로 노아를 발견하셨다고 말한다. 하나님은 홍수로부터 그의 가족과 모든 동물들과 함께 노아를 구원하셨고 이들과 계약을 맺으셨으며, 다시는 결코 창조물을 멸망시키지 않겠다는 언약을 세우셨다.

아브라함을 부르심으로 하나님은 모든 민족들에게 복을 주기 위해 다시 한 민족을 세우셨다. 창12:3 아브라함의 신실함과 순종은 그를 정의와 믿음의 조상이 되게 하였다.

모세와 출애굽 사건으로 하나님은 자신을 억압받는 백성의 해방자임을 알리셨다. 하나님은 십계명, 제사 및 약속의 땅을 위해 필요한 사회적 지침을 따르며 살아갈 공동체를 계획하셨다. 이스라엘의 왕들과 예언자들의 증언에 따르면, 예루살렘은 모든 국가들에게 빛이 되도록 부름을 받았다. 그리고 언약의 공동체는 구원과 하나님을 기쁘게 하는 삶의 유형에 대한 살아있는 증거이어야 했다.

예수님은 제자들에게 전통이나 종교성 그 자체로 하나님을 기쁘게 할 수 없다는 사실을 가르치셨다. 대신에 예수님은 제자들이 그의 뜻을 이해하고 행하기 원하셨다. 성령의 오심으로 제자들은 예수님의 방법과 동일시되는 능력을 공개적으로 얻게 되었다. 제자들은 모든 사람들이 예수님께로 나아와 성령의 은사와 세례를 받도록 초청하기 시작했다. 이것이 예수 그리스도의 교회가 시작된 방법이다. 모든 민족에게 보내졌던 하나님의 새로운 사람들은 하나님 나라의 도래로 인한 새 창조에 대해 증언한다.

이 새로운 인류는 신실한 사람들이어야만 한다. 예수님이 신실하셨기 때문에, 제자인 우리도 신실해야만 한다. 그리고 "예수님께서 명한 모든 것에 순종하게 될" 새로운 제자들을 세우는 것이 우리의 과업이다. 마 28:19,20

어떻게 그렇게 될 수 있는가? 그리스도를 따르기로 결정하고 성령을 받은 사람들이 자동적으로 모든 것을 알거나 모든 필요한 정보를 갖게 되는 것은 아니다. 예수님은 그들이 가르침을 받아야 한다고 말씀하셨다.^마 28:20 바울은 교회 지도자의 중요한 역할에 대해 얘기할 때, "성도들을 준비시켜, 봉사의 일을" 하도록 기여해야 한다고 지적하였다. 그리고 사도들이 히브리와 그리스 문화에서 어떻게 예수님께 신실할 수 있을까 분명히 정의해야만 했을 때, 이들은 하나님의 뜻에 따른 회의를 소집하였다.^{행15} 사람들을 가르치고, 준비시키고, 신학적 훈련을 시키는 일은 다른 문화와 환경에서 예수님께 신실하도록 만든다.

우리는 하나님의 사람으로서 산실하게 형제애^{fellowship}를 신실하기 원한다

교회 시작의 기적은 특별한 성격을 지닌 인간 공동체의 형성이었다. 사도행전의 이야기는 표적과 기사 가운데 초기 성도들이 강하게 연합되었다는 사실을 말해준다. 심지어 그들은 자신들의 소유물을 함께 나누었고, 누구도 궁핍함을 겪지 않았다. 그들은 하나님을 찬양하기 위해 회당에서 뿐 아니라 가정에서도 함께 모였다. 매일 새로운 사람들이 구원 받았고, 그들의 교제에 함께 했다. 공동체로서 그들은 사회로부터 존경과 지지를 받았다. "그들은 사도들의 가르침에 몰두하며, 서로 사귀는 일과 함께 음식을 먹는 일과 기도에 힘썼다."^{행2:42}

교제의 정신은 성경을 올바로 해석하기 위해 그리고 공동체와 관련된 결정을 하기 위해 필요하다. 또한 동료애적인 교제는 하나님과 기독교 윤리에 헌신하는 일에 무관심하거나 반항적인 구성원들을 올바르게 하고 회복시키기 위해 필요하다. 교제는 죽음, 질병, 인생의 엄청난 속임수와 같은 상실과 고통의 시기에 영적, 경제적, 정서적 후원의 기반이기도 하다. 또한 결혼, 기념일, 성취와 같은 행복한 순간도 교회 교제의 부분이기도 하다.

주님의 만찬은 하나님과의 교제 그리고 믿음의 가족 구성원 간의 교제의 가시적인 표현이다. 주님의 만찬에 참여할 때, 우리는 화해하고 연합한다. 이러한 교제는 국가적, 분파적 경계 뿐 아니라 시간과 공간을 초월한다. 교제 안에서, 교회는 전 세계적인 그리스도의 몸으로 통합되는 것을 느낀다. 또한, 아나뱁티스트 관련 교회들에 속한 우리는 전 세계적인 가족의 특별한 부분으로 연합되는 것을 느낀다.

우리는 하나님의 사람으로서 실실하게 예배하기 원한다

하나님께서 이스라엘 백성들을 애굽의 노예 상태에서 이끌어 내셨을 때, 그들을 자유롭게 하시고 우상숭배로부터 벗어나 하나님을 섬기게 하셨다.[출5:1] 성경이 기록된 시기에 신자들은 절기와 감사의 제물과 하나님께서 역사 속에서 행하신 일을 이야기함으로써 하나님께 경배하였다. 사도바울은 하나님이 어떻게 그들을 선택하셨고 자녀 삼으셨으며 받아들이셨는가에 대한 구원의 이야기를 에베소 사람들에게 다시 들려주었다. 또한 예수님 안에서, 우리는 우리의 죄로부터 구원을 받고 그분의 뜻을 알고 하늘과 땅의 연합을 미리 맛본다. 성령은 우리의 기업heritage이자 우리가 하나님께 속했다는 표시이며 앞으로 올 영광의 예시다.[엡1:3-14] 성경을 통해 나타나는 많은 시와 찬송 뿐 아니라, 시편과 요한계시록은 우리가 어떻게 하나님을 예배해야 하는지 보여준다.

예수님은 하나님께서 성령 안에서, 진리 안에서 그리고 우리의 매일의 삶으로 예배 받으신다고 설명하시면서 열매 없는 전통적인 종교성을 책망하셨다: "이 백성은 입술로는 나를 공경해도, 마음은 나에게서 멀리 떠나 있다."마15:8 "하나님 아버지께서 보시기에 깨끗하고 흠이 없는 경건은, 어려움을 겪고 있는 고아들과 과부들을 돌보아 주고, 자기를 지켜 세속에 물들지 않게 하는 것입니다."약1:27

예배는 예술적인 표현일 뿐 아니라 찬송과 찬양의 다양한 형태, 죄의 고백과 형제자매간의 사랑에 기초한 화해, 하나님 말씀의 낭독과 선포, 간증, 승리와 필요를 나누는 시간 등을 포함한다. 그러나 모든 예배의 목적은 하나님의 돌보심에 대해 신자로서의 우리의 삶을 재헌신하여 하나님과 우리의 언약 그리고 교회와 우리의 언약을 새롭게 하는 것이다.

우리는 하나님의 사람으로서 신실하게 섬기기 원한다

자신이 이 땅에 오신 목적을 제자들에게 설명하기 원하셨을 때, 예수님은 제자들을 만찬에 초대하시고 제자들의 발을 씻기셨다. 이렇게 모범을 보이심으로써 예수님은 섬김이 가장 훌륭한 하나님의 성품이라는 것을 우리에게 알려주셨다. 이것은 이 세상의 힘 있는 자들의 태도와 매우 대조된다: "너희가 아는 대로, 민족들을 통치하는 사람들은 그들을 마구 내리누르고, 고관들은 세도를 부린다. 그러나 너희끼리는 그렇게 해서는 안

된다. 너희 사이에서 위대하게 되고자 하는 사람은 누구든지 너희를 섬기는 사람이 되어야 하고, 너희 가운데서 으뜸이 되고자 하는 사람은 너희의 종이 되어야 한다. 인자는 섬김을 받으러 온 것이 아니라 섬기러 왔으며, 많은 사람을 위하여 자기 목숨을 대속물로 내주러 왔다."마20:25-28

초대교회는 처음부터 집사들을 선출했다. 교회는 섬김의 자세와 실천으로 공동체를 이끌어나갈 집사들이 필요했다. 집사들은 성령 충만하고, 좋은 평판을 가진 사람들이어야 했다. 이후 그들 중 일부는 복음전도자가 되었다. 그들은 민족 간의 갈등을 해결하고 정의를 지키고 가난한 사람들이 돌봄을 받을 수 있도록 해야 했다. 기근의 때에, 사도바울은 선교에 헌신하는 새로 세워진 교회로부터 온 큰 헌금을 예루살렘의 가난한 모 교회에 보냈다. 그리고 그는 모든 성도들에게 가르쳤다: "선한 일을 하다가, 낙심하지 맙시다. 지쳐서 넘어지지 않으면, 때가 이를 때에 거두게 될 것입니다. 그러므로 기회가 있는 동안에, 모든 사람에게 선한 일을 합시다. 특히 믿음의 식구들에게는 더욱 그렇게 합시다."갈6:9-10

교회의 섬김은 공동체 내부를 향할 뿐 아니라 공동체 외부를 향한다. 교회는 대중을 위한 섬김을 제공하며, 이것은 정치적인 영향력을 갖는다. 이것은 모든 인간의 욕구를 포함한다. 정서적 차원, 영적인 것, 경제적인 것, 건강, 교육, 폭력, 자연적 재해 그리고 전쟁, 투옥, 불의, 복음주의, 교화, 교제 및 신학연구theological work 뿐만 아니라 기독교적 섬김은 모든 국가에서 국가로 이동되어야 한다. 이것은 일방통행이 아니다. 이것이 교회가 세계적인 그리스도의 몸으로만 아니라 각 지역의 특정한 회중으로 존재하는 이유이다.

우리는 하나님의 사람으로서 신실한 증인이 되기 원한다

성경의 언어에서 증인되는 것과 순교자가 되는 것은 같은 단어를 사용한다. 증인은 본 것과 들을 것에 대해 말하는 믿음을 가진 사람이다. 순교자는 자신의 증언을 시인하기 위해 생명을 기꺼이 내놓는 사람이다. 성령이 오셨을 때, 예수님은 겁먹은 제자들이 유대, 사마리아, 땅 끝까지 이르러 자신의 증인이 될 것이라고 약속하셨다.행1:8 성령은 제자들이 증인될 때 기사와 표적을 행할 때 그리고 사람을 설득시킬 때에 함께 하셨다. 또한 예수님 자신이 하나님의 가장 훌륭하고 신실한 증인이셨다.계1:5

교회는 자신의 살아있는 현존으로 스스로를 증거한다. 예수님은 제자들에게 이 땅과 온 세상의 소금과 빛이 되도록 역할을 부여하셨다. 예수님은 제자들의 존재가 사회 환경을 변화시킬만한 영향력 가져야 한다는 사실을 분명히 하셨다: "이제 나는 너희에게 새 계명을 준다. 서로 사랑하여라. 내가 너희를 사랑한 것과 같이, 너희도 서로 사랑하여라. 너희가 서로 사랑하면, 모든 사람이 그것으로써 너희가 나의 제자인 줄을 알게 될 것이다."요13:34-35 이것이 바로 교회의 삶과 증언이 우리의 가장 큰 관심사가 되어야 하는 이유다. 선교사 개인은 물론이거니와 모든 신앙 공동체는 희망과 복음의 수단이 되기 위해 그리스도에 대한 증인이 없는 지역으로 이주해야한다.

교회는 복음 선언을 통해 증언한다. 그리스도에 대해 언어적인 선언과 설명이 필요 없다고 믿는 것은 순진한 것이다. 집사이고 복음전도자였던 빌립은 성경을 읽는 에디오피아 고위 관리를 만났다. 빌립은 고위관리에게 다음과 같이 물었다. "'지금 읽으시는 것을 이해하십니까?' 그가 '나를 지도해 주는 사람이 없으니, 내가 어떻게 깨달을 수 있겠습니까?'하고 대답하였다. 이에 빌립은 입을 열어서 바로 그 성경구절부터 시작해서, 예수를 알리는 기쁜 소식을 전하였다."행8:30-35 아씨시의 프란시스는 "항상 증언하라, 그리고 필요할 때 여러분의 입을 사용하라"라고 말했다.

교회는 예언적인 선언과 고발denouncement을 통해 증언한다. 예수님은 왕이시고 제사장이며 또한 예언자이시다. 마찬가지로 그분의 교회에는 선언하고 고발하는 예언자적이며 공적인 역할이 있다. 마틴 루터 킹Martin Luther King, Jr과 디트리히 본회퍼Dietrich Bonhoeffer는 인종주의와 인종차별을 고발하였고, 이 일에 목숨을 바쳤기 때문에 20세기의 예언자로 여겨지고 있다.

폭력과 불의를 고발하고 그 어떤 원수들이든 해하려 들지 않을 때, 교회는 예수 그리스도의 성품과 사랑에 대해 증언하는 것이다. 더 나은 모습으로 인간적인 삶을 나누고, 갈등을 해결하고, 창조를 돌보며, 자원에 대한 청지기 역할을 수행할 때, 교회는 천국의 도시에 대해 그리고 이미 이 땅 위에 시작된 하나님 나라를 증언하는 것이다. 교회가 부패, 우상숭배, 증오, 멸시, 차별, 물질주의에 참여하지 않는 것을 선택할 때, 교회는 죄의 모든 형태들에 대해 회개할 것을 공공연하게 요청하는 것이다.

1. 여러분이 경험한 "성령의 언어의 은사"는 어떤 것입니까?

2. 성부, 성자, 성령 하나님은 "공동체를 이루시는 하나님$^{God\ in\ community}$"이라는 사실 개념에 대해 어떻게 생각하십니까?

3. 삼위일체의 세 격^{persons}들은 어떠한 방식에서 "관계에 대한 기독교적 모델을 제공합니까"?

4. 하나님께서 창조세계를 돌보시고 유지하신다는 것을 어떠한 방법으로 알 수 있습니까?

5. 아담과 이브의 행동에 기인한 세 가지 결과로써 오늘날에도 여전히 고통스럽게 존재하고 있는 수치심, 죄책감, 공포를 원상태로 회복시키시려는 창조주 하나님을 어떻게 알 수 있습니까?

6. 하나님은 왜 개인이 아닌 "민족"을 선택하셔서 역사하셨습니까? 왜 언약의 공동체가 그토록 중요합니까?

7. "교제^{fellowship}"는 함께 좋은 시간을 보낸다는 것 외에 무슨 의미가 있습니까?

8. 주님의 만찬을 구체적이고 지역적인 사건인 동시에, 참여하는 사람에게 시간과 공간을 초월하는 사건으로 만드는 경우를 생각해 보십시오.

9. 여러분이 속한 회중이 드리는 예배들을 생각해 보십시오. 하나님과의 언약과 교회와의 언약이 어떤 방법으로 여러분을 새롭게 합니까? 예배는 어떻게 참여자들은 하나님께 헌신도록 만듭니까?

10. 교회는 신자들의 공동체뿐 아니라 이웃과 일반적인 사회의 필요needs를 돌보는 일에 어떻게 참여 합니까?

11. 초기 교회의 집사들이 그랬던 것처럼, 우리는 어떻게 봉사와 말씀선포의 부르심을 함께 회복할 수 있습니까?

12. 지구촌에 존재하는 신앙 가족 내의 다른 회중과 교회들로부터 필요한 것을 얻기 위해 여러분이 속한 회중과 교단교회national church는 어떻게 입장을 표명합니까?

13. 여러분의 회중congregation이 현 시대의 신실한 증인으로 살아가는 구체적인 방법들은 무엇입니까?

2. 우리는 아들이신
예수 그리스도께 영광을 드린다

예수님은 하나님의 아들이시다. 예수님은 그의 삶과 가르침, 십자가와
부활을 통해 우리에게 어떻게 신실한 제자가 될 수 있으며 세상을 구원
하셨는지 보여주셨고, 영생을 주신다.

예수님은 우리에게 하나님이 어떤 분이신지 보여 주신다

예수님은 약 2,000년 전에 젊은 유대 여인에게서 태어나셨다. 하나님의
계획을 이해했을 때, 그 여인은 아름다운 찬양시를 지었다. 그 여인은 자
신이 나은 아들이 이스라엘 민족이 기다리고 있는 메시야라고 확신했다.
아이가 태어났을 때 "예수"라고 이름을 지었으며, 그 의미는 "하나님이
도우신다"이다. 또한 "그리스도"는 "메시아"라는 히브리어와 같은 단어로
"하나님의 기름부음을 받은 자"라는 뜻이다.

그리스도는 스스로를 "인간의 아들"이라고 언급하셨다. 예수님이 제자
들을 모으시고 하나님이 이루시고자 하셨던 새 시대에 대해 설명하기 시
작하셨을 때, "인자는 잃은 것을 찾아 구원하러 왔다"눅19:10고 말씀하셨
다. 그분의 탄생과 성장, 사회생활과 물리적 필요, 기쁨과 슬픔, 유혹과
의 싸움, 하나님의 임재를 구하심—이런 모든 것은 예수님이 완전하게 인

간이셨다는 것을 우리에게 보여준다. 이것이 그와 함께 살았던 사람들이 "그러므로 그는 모든 점에서 형제자매들과 같아지셔야만 했습니다"히2:17 라고 말한 이유이다.

제자들이 복음서를 기록했을 때 그들은 예수님이 하나님의 아들이라는 충분한 확신이 있었다. 그들은 예수님의 놀라운 탄생과 십대부터 보이셨던 신성한 지혜에 대한 소문을 들었다. 예수님을 따르는 사람 중 일부는 성령이 눈에 보이게 임했던 예수님의 세례 현장에 있었다. 그들은 인간적인 방법으로 설명할 수 없는 많은 기적과 치유를 보았다. 그들이 다볼산에서 예수님과 함께 있었을 때, 그들은 모세와 예언자 엘리야와 거룩한 교제 안에서 예수님의 모습을 보았다.

한 번은 군중들 사이에 예수님에 대한 내용으로 의견이 나뉘었다. 예수님은 제자들에게 질문하셨다, "'그러면 너희는 나를 누구라고 하느냐?' 시몬 베드로가 대답하였다. '선생님은 살아 계신 하나님의 아들 그리스도십니다.'"마16:15-16 이에 그리스도를 따르는 것이 위험하게 되자, 예수님은 제자들에게 자신을 떠나라고 말씀하셨다. 그러나 그들은 대답하였다. "주님, 우리가 누구에게로 가겠습니까? 선생님께는 영원한 생명의 말씀이 있습니다. 우리는 선생님이 하나님의 거룩한 분이심을 믿고, 또 알고 있습니다."요6:68-69

기독교 신앙 공동체는 그리스도께서 특별하고 유일한 존재였다고 선포한다. 그분은 100% 하나님이셨고 100% 인간이셨다. 그분은 온전한 신적 근원을 가지셨고 하나님의 마음과 하나님의 성품을 우리에게 보여주셨다. 또한 온전한 인간적 근원을 가지셨고, 하나님이 우리 안에 회복시키려 하시는 인간의 성품을 우리에게 보여주셨다.

우리는 기독교 신앙이 다른 신앙에서 발견할 수 없는 특별한 요소를 가지고 있다고 확신한다. 하나님 스스로 우리에게 자신을 알리기 위해 인간이 되셨다. 하나님이 친히 인간이 되셔서, 우리를 홀로 남겨두지 않으시고, 우리와 동행하시며 사랑을 베풀어 주셨다. 그리스도는 우리가 하나님과 관련되어 갖고 있는 잘못된 개념들을 바로잡아 주신다. 그리스도는 "나와 아버지는 하나다."요10:30 "나를 본 사람은 아버지를 본 사람이다"요14:9라고 말씀하셨다. 만약 우리가 하나님이 누구이며 그가 하실 수 있는 무엇인가 알기 원한다면, 반드시 예수를 보아야 한다.

예수님의 삶이 우리의 모범이다

알버트 슈바이처1875-1965는 프랑스 스트라스부르그에 있는 대학에서 신학을 전공하던 젊고 매우 유능한 학생이었다. 그는 오르간 연주로 유명했고, 바하의 종교음악 전문가였다. 유일하게 그만이 연주했던 질버안 오르간의 연주회들은 유럽 상류사회를 매료시켰다.

30세 이후, 그는 삶에서 자신을 따르라고 부르시는 예수님의 음성을 들었다. 그는 의학을 공부해서 아프리카 가봉의 가난한 사람들을 위해 자신의 나머지 삶을 헌신하기로 결정했다. 랑바레네에 있는 그의 병원은 그가 소유했던 진실한 그리스도인의 인간성을 나타낼 뿐 아니라, 삶으로 그리스도를 따르면 사회의 소외된 사람들에게 커다란 축복이 된다는 사실을 여실히 드러내주는 것이기도 하다.

예수님이 곧 길이다. 예수가 곧 진리이고 생명이다. 그 누구도 이 길을 걷지 않고, 이 진리를 배우지 않고, 이 생명 안에 있지 않으면, 결코 하나님께 올 수 없다.요14:6 우리 안에 그리스도가 영광의 소망이라는 것을 지적하였을 때, 바울은 바로 이러한 현실의 중요성을 말한 것이다.골1:27 그러나 이것은 또 다른 길로 작용한다. 그리스도 안에 사는 것은 죄와 사망으로부터 우리를 자유롭게 한다. "…그리스도 예수 안에서 생명을 누리게 하는 성령의 법이 여러분 각자를 죄와 죽음의 법에서 해방하여 주었기 때문입니다."롬8:2

예수님은 치료자이시다.출15:26 예수님은 공적인 사역을 3년 정도밖에 하지 않으셨다. 그럼에도 불구하고 아픈 사람들에게 많은 시간과 에너지를 헌신하셨다. 그 시대 사회에서 가장 소외된 사람은 문둥병으로 고통받는 사람들이었다. 예수님은 그들과도 함께하셨다. 귀신들린 자들은 귀신과 악의 힘으로부터 오는 억압으로 고통 받았다. 예수님은 그들을 자유롭게 하셨다. 마음과 육신의 상처를 받은 사람들, 슬픔과 좌절에 빠진 사람들, 젊은이와 나이 든 사람 구분 없이 많은 이들이 예수께로 왔다. 그들은 예수님을 거룩한 치료자로 알게 되었다.

예수님은 교사이시다. 많은 군중들이 그분의 가르침을 듣기 위해 왔다. 그들은 예수님을 히브리 칭호로 랍비라 불렀다. 예수님은 자신이 살았던 그 길을 가르치셨는데, 여러 방법으로 특히 비유로 가르치셨다. 그에게 가르치기 위한 특별한 장소가 따로 있지 않았다. 언덕, 배, 성전, 예배당,

연회장, 사람들을 우연히 만난 곳 등 모든 장소에서 가르치셨다. 산상수훈 마지막에, "예수께서 이 말씀을 마치시니, 무리가 그의 가르침에 놀랐다. 예수께서 그들의 율법학자들과는 달리, 권위 있게 가르치셨기 때문이다"마7:28-29라는 기록이 있다.

예수님은 선한 목자이시다.요10:11 선한 목자로서 예수님은 제자들을 이끄시고 보호하셨다. 그러나 예수님은 또한 로마 황제의 억압 하에서 고통받는 이스라엘 백성의 흩어지고 길 잃은 양들을 모으시려고 노력하셨다.마9:36 예수님은 모든 "수고하고 무거운 짐 진 자들"을 선한 목자와 함께 "쉼"으로 초청하셨다.마11:28 예수님은 구원이 관계를 기본 조건으로 이루어짐을 명확히 하셨다: "내 양은 내 음성을 들으며 나는 그들을 알며 그들은 나를 따르느니라. 내가 그들에게 영생을 주노니 영원히 멸망하지 아니할 것이요 또 그들을 내 손에서 빼앗을 자가 없느니라."요10:27-28

예수님은 우리의 친구이시다. 그의 시대에 종교 엘리트들은 예수님이 "세리와 죄인들"의 친구이셨다는 것을 비난했다.눅:34 나사로가 죽었을 때, 예수님은 우셨다. 예수님은 제자들에게 "사람이 친구를 위하여 자기 목숨을 버리면 이보다 더 큰 사랑이 없나니…. 너희를 종이라 하지 아니하리니…. 너희를 친구라 하였노니, 내가 내 아버지께 들은 것을 다 너희에게 알게 하였음이라"요15:13-15고 말씀하셨다.

예수님의 가르침은 우리에게 방향을 제시한다

예수님은 구약의 메시아의 약속이 자신 안에서 완성된다는 것을 말씀하시며 가르침의 사역을 시작하셨다.^{눅4:21} 예수님은 역사, 법률, 예언 그리고 하나님 백성의 지혜에 대한 최고의 교사가 되셨다.

예수님은 가치들을 뒤바꾸신다. 제자들은 팔복과 산상수훈을 들으면서 새로운 윤리와 새로운 정치적 강령을 배웠다.^{마5-7} 예수님은 "심령이 가난한 자, 애통하는 자, 온유한 자, 의에 주리고 목마른 자, 긍휼히 여기는 자, 마음이 청결한 자, 화평하게 하는 자, 의를 위하여 박해를 받은 자, 그로 말미암아 거짓으로 모든 악한 말을 듣는 자"^{마5:3-11}를 축복하셨다.

예수님은 새로운 예배를 알려주셨다. 예수님의 가장 급진적인 가르침 중에 기도와 예배에 대한 가르침이 있다. 예수님은 그의 제자들이 중언부언 기도하는 것을 금하셨고 뿐만 아니라 자선행위가 눈에 드러나 보이게 하는 것을 금하셨다. 예수님은 사람들이 드러나지 않게 이웃을 돕도록 가르치셨고 하나님께 혼자 기도하도록 가르치셨다. 함께하는 기도를 위해, 예수님은 제자들에게 주기도를 가르쳐 주셨다. 주기도는 다가오는 하나님 나라를 위해 어떻게 기도해야 하고, 개인적인 그리고 영적인 필요를 위해 어떻게 기도해야 하는지를 간략하게 보여준다.^{마6:1-34}

예수님은 사랑의 윤리를 선포하신다. 예수님은 제자들이 돈을 사랑하는 것과 물질로 우상을 만드는 것을 금하셨다. 예수님은 제자들에게 친한 친구를 사랑하듯이 가난하고 소외된 사람들을 사랑하라고 권고하셨다. 모든 경우에서 예수님은 선으로 악을 이기고, 복수심을 버리고, 마음을 침해하는 적대감을 금하도록 요구하셨다. 예수님은 자신을 따르는 사람들에게 온유함으로 세상의 증오를 이기라고 가르치셨다. "나는 너희에게 이르노니 너희 원수를 사랑하며 너희를 박해하는 자를 위하여 기도하라 이같이 한즉 하늘에 계신 너희 아버지의 아들이 되리니 이는 하나님이 그 해를 악인과 선인에게 비추시며 비를 의로운 자와 불의한 자에게 내려 주심이라." 마5:44-45

예수님은 우리에게 미래를 위해 준비하도록 가르치신다. 예수님이 그의 제자들을 떠나 하늘로 올라가실 때, 자신이 영광 속에 다시 오실 때 까지 성령의 능력으로 사역하라고 제자들에게 명하셨다. 눅19:13 미래를 향한 방향성을 가지고 산다는 것은 "보물을 하늘에 쌓아 두라" 마6:19-21는 것을 의미하며 천국으로부터 오는 문화에 모든 마음을 집중하라는 것을 의미한다. 그러나 이것은 또한 모든 인류가 자신이 했거나 하지 않은 모든 일들에 대해 책임을 지게 될 때, 즉 최후의 심판을 준비해야함을 의미한다. 마25:31-46

예수님의 죽으심은 우리를 자유케 한다

십자가에서 예수님의 죽으심은 우리에게 어떻게 사랑해야 하는가를 가르친다. 사도 바울은 스스로를 자랑하기에 충분한 이유가 있었다. 그러나 그는 그리스도의 십자가에서만 자랑하기를 원한다고 단호하게 말했다. 갈6:14 오늘날 그리스도를 따르는 우리는 십자가의 능력과 지혜를 알기 때문에 사도 바울과 같이 단언한다.

십자가는 최고의 사랑 표현이다. 십자가에 못박히신 그분은 자신의 열린 팔로, 사랑하는 사람들을 끌어안으셨을 뿐 아니라 자신의 원수들과 온 세상을 끌어안으셨다. 그는 자신을 조롱하며 처형하려 했던 종교·정치 지도자들에게 사랑을 표현하셨다. 광신적인 이기주의자들, 잔혹한 군인들과 잔인한 군중들을 사랑하셨다. 겁먹은 제자들과 절망하는 여인들에게도 사랑을 주셨다. "…하나님께서 그의 사랑을 우리 마음속에 부어 주셨기 때문에…우리가 아직 약할 때에, 그리스도께서는 제 때에, 경건하지 않은 사람을 위하여 죽으셨습니다."롬5:5-6 십자가에서 드러나 하나님의 사랑은 우리를 한 가족으로 회복시켰다.

십자가에서 그리스도의 죽으심은 치유를 가져왔다. 우리 자신의 반역, 아집, 악의 파괴력, 많은 개인적인 죄들과 구조적인 죄들, 하나님으로부터 멀어진 모든 창조 등, 모든 것들은 상처와 고통을 야기한다. 그러나 그리스도의 십자가는 회복력을 갖는다. 이것은 화해하는 능력을 갖는다. 그분의 상처를 통해 우리는 치유함을 얻는다.사53:5

"여러분이 전에는 하나님에게서 멀리 떨어져 있었는데, 이제는 그리스도 예수 안에서 그분의 피로 하나님께 가까워졌습니다"엡2:13라는 말씀처럼 십자가에서 그리스도의 죽으심은 화해를 통해 치유한다. 십자가를 통해, 하나님은 "원수 된 것을 십자가로 소멸하시고 이 둘을 한 몸으로 만드셔서"엡2:16 화해하신다. 그리스도의 십자가는 병원과 같은 기능을 한다.

십자가에서 그리스도의 죽으심은 승리이다. 성경은 최초의 인류인 아담을 시작으로 우리가 죄의 능력에 의해 침략되고 노예가 되었다고 말한다. 우리 자신의 힘과 책임감은 죄에 저항하며 선을 행하기에 충분하지 않다. 그러나 십자가에서 그리스도는 "다 이루었다"요19:30라고 말씀하셨다. 우리는 그 순간으로부터 예수님이 우주적인 승리를 이루셨고 우리가 그 승리의 부분이 되도록 하셨다는 것을 믿는다. "그리고 모든 통치자들과 권력자들의 무장을 해제시키시고, 그들을 그리스도의 개선 행진에 포로로 내세우셔서, 뭇 사람의 구경거리로 삼으셨습니다."골2:15 이것이 우리가 두려워하지 않는 이유이다. "내가 이것을 너희에게 말한 것은, 너희가 내 안에서 평화를 얻게 하려는 것이다. 너희는 세상에서 환난을 당할 것이다. 그러나 용기를 내어라. 내가 세상을 이겼다."요16:33

십자가에서 그리스도의 죽으심은 우리의 존엄성을 회복한다. 성경은 죄가 죽음의 문화를 이끌고 있다고 말한다. 그리고 "죄의 노예가 된" 사람들은 부끄러운 일들로 하나님의 정의로운 빛을 대신한다. 그러나 우리는 십자가로 말미암아 "더러움과 불법의 종…이제 부끄러워하는" 것을 떠났다. 하나님은 우리를 그분의 "종"으로 회복시키시고, 우리를 "성화sanctification"로 이끄셨다. "죄의 삯은 죽음이요, 하나님의 선물은 우리 주 예수 그리스도 안에서 누리는 영원한 생명입니다."롬6:15-23 십자가는 하나님과 그분의 새로운 창조를 영예롭게 하는 존엄한 삶을 가능하게 한다.

십자가에서 그리스도의 죽으심은 우리를 감옥으로부터 자유롭게 한다. 죄의 감옥에 갇히는 것은 단순히 우리의 존엄성을 빼앗아 가는 것만이 아니다. 이는 하나님 앞에서 우리에게 죄의식을 심어주고, 죄책감을 갖게 한다. 우리가 하는 나쁜 일들은 우리 자신의 책임이기 때문이다. 하나님 앞에서 죄의식을 갖는 것은 하나님을 정죄하는 것이기도 하다. 죄책감은 우리를 우울하게 만든다. 그러나 그리스도의 십자가는 우리를 자유롭게 함으로써 우리의 죄를 무효화시킨다. "또 여러분은 죄를 지은 것과 육신이 할례를 받지 않은 것 때문에 죽었으나, 하나님께서는 여러분을 그리스도와 함께 살리시고, 우리의 모든 죄를 용서하여 주셨습니다. 하나님께서는 우리에게 불리한 조문들이 들어 있는 빚문서를 지워 버리시고, 그것을 십자가에 못 박으셔서, 우리 가운데서 제거해버리셨습니다."골2:13-14 감사하게도 십자가 때문에 우리는 감옥에서 벗어나 자유로운 인류로 회복된다.

예수님의 부활은 우리에게 소망을 준다

파라과이에는 매우 훌륭하고 유명한 언론인이 있다. 그는 독재 군사정부에 반대했고 유대인이라는 이유 때문에 모진 학대와 박해를 받았다. 그는 자신을 예수 추종자라고 말했다. 그리스도의 삶과 가르침은 그가 따라야 할 가치가 있는 심오하고 존귀한 인류애를 보여주었다. 그러나 부활에 대한 성경의 내용은 그에게 전혀 앞뒤가 맞지 않는 것 같았다.

그리스도의 무덤은 텅 비어 있었다. 십자가에 못박히신 그분은 부활하셨다. 그리스도의 죽으심으로, 그를 따르던 사람들은 매우 혼란스러웠고, 실망했고, 좌절했고, 두려워했다. 그들은 당연히 그리스도의 죽으심이 이야기의 끝이라고 생각했다. 부활절 아침에 첫 번째 증인이 텅 빈 무덤을 발견했을 때, 우리는 그 증인이 얼마나 놀랐고, 그 사실을 믿을 수 없어 했는지, 그리고 또 다른 한편으로 얼마나 기뻐했고 환호했을 지 쉽게 상상할 수 있다. 그리고 그들 중 몇 사람들이 부활하신 그리스도 즉 평화로 그들에게 인사하시며 두려움을 없애 주신 분을 만났을 때, 그리스도 메시아의 전체적인 차원을 이해하기 시작했다. 그들은 그리스도의 부활에 의해 죽음이 정복되었다는 사실을 알고 약속하신 나라가 시작되었다는 것을 깨달았다.

예수님의 이야기는 계속된다. 사도행전은 부활하신 예수님의 이야기를 계속해 간다. 성령의 능력, 부활하신 예수님에 대한 복음과, 그리고 세상에 오신 메시아의 소식이 제자들을 통해 로마 제국으로 퍼져나가기 시작했다. 눈으로 볼 수 있는 부활하신 그리스도의 몸인 그리스도인의 교회가 여러 곳에서 나타났다.

우리는 그리스도와 함께 부활했다. 그리스도의 부활로 하나님은 볼 수 있는 방법으로 세상을 회복시키기 시작하셨다. 처음에 이 회복은 그리스도를 따르는 사람들의 마음에 숨겨지고 보이지 않는 방식으로 시작되었다. 그들은 "부활의 삶을 사는walked in the resurrection" 신자들의 가시적이며 새로운 공동체를 시작하였다. 그들은 부활하신 그리스도처럼 새로운 영적인 삶을 경험했다. 하나님 나라는 겨자씨와 같다. 그 시작은 작지만, 결과는 엄청나다.

죽음이 생명으로 바뀌었다. 성경은 하나님의 적이 "훔치고 죽이고 파괴하려고" 온다고 말한다.요10:8-10 죄의 구조들, 인류 문화에서 해로운 요소들과 같이 현재의 창조세계에 존재하는 잘못된 모든 것들은 인간의 생각과 마음에 깊이 뿌리 박혀있고, 그 능력을 행사한다. 바로 그곳에서, 새로운 생명이 시작된다. 예수님은 풍부한 생명을 가져오신다. 아담과 하와가 잘못된 길을 선택했을 때, 인류는 죽음의 문화를 극복하지 못했다. 그러나 그리스도를 통해 부활과 생명이 찾아 왔다. 롬5:12-19

빅토리노는 파라과이 아순시온의 거리 소년으로 국립 교도소인 따꿈부 Tacumbu에 갇히게 되었다. 이전에 감옥의 입소자였던 펠릭스 두아르트 듀 폰은 현재 따꿈부 교도소 내에 있는 리베르타드 메노나이트 교회의 목사이자 재활 프로그램의 지도자이다. 교회 예배에서 펠릭스는 거리의 한 소년이 자신의 핸드폰을 훔치려는 도중에 총으로 그의 발을 쏘았던 이야기를 들려주었다. 그 때 빅토리노는 자신이 마약을 한 상태로 공원에서 달리고 있던 한 남자에게 총을 쏜 것을 어렴풋이 기억하기 시작했다. 사건 다음 날 신문은 피해자가 목사였다고 보고했다. 빅토리노는 더 많은 것을 기억해냈다. 어린 소년이 목사와 함께 있었고 그 목사를 보호하려 했다. 빅토리노는 소년의 얼굴에 세 번 총을 겨냥했고 방아쇠를 당겼다. 그러나 세 번 다 총알이 나가지 않았다. 그날 저녁에 그는 무슨 일이 일어났는지 총을 살펴보았다. 그는 방아쇠 자국이 나 있는 세 개의 총알을 발견했다. 그러나 왜 그 총알들이 발사 되지 않았는지 이유를 도무지 알 수 없었다.

교도소에 수감되어 지내면서 빅토리노는 자신이 총을 쏘았던 남자가 교도소 담당 목사 펠릭스였고, 총알이 발사되지 않아 살아난 그 어린 소년이 바로 목사의 아들 마르셀로라는 것을 알게 되었다. 3개월 후에 세 사람은 TV쇼에 나와, 어떻게 그리스도께서 빅토리노의 "죽음의 문화"를 "생명의 문화"로 바꾸셨으며, 어떻게 하나님의 은혜가 그들 마음속에 있는 폭력을 사랑으로 변화시켰는가를 말하게 되었다.

감사하게도 부활로 인해 새 창조가 가능하게 되었다. 하나님의 새 창조는 그리스도의 부활에 그 시작이 있다. 새 창조는 하나님의 성령과 부활하신 그리스도의 교회에 의해 강력하게 추진된다. 그러나 하나님이 인류역사에 가시적으로 더 많이 개입하실 때, 미래에 더 많은 것들이 올 것이다. 그때에 그분은 자신의 약속을 완전히 이루실 것이다: "내가 모든 것을 새롭게 한다."제21:5 창조의 모든 것은 새 창조로 흡수되고 변화될 것이다.

예수님의 신실하심은 우리를 신실하게 한다.

구원은 예수님과의 신실한 관계를 의미한다. 그러나 우리가 결코 예수님과 같을 수는 없을 것이다. 그분은 하나님이셨고 우리는 인간이다. 그러나 그분이 인간이 되셨기 때문에 우리의 유혹과 한계를 완전히 이해하셨다. 그럼에도 예수님은 그분과 함께 걷고 그분의 신실함을 배우도록 우리를 초대하셨다. "여러분은 이런 태도를 가지십시오…그것은 곧 그리스도 예수께서 보여 주신 태도입니다…오히려 자기를 비워서 종의 모습을 취하시고…죽기까지 순종하셨으니."빌2:5-8

우리는 예수의 길에 신실하기 원한다. 또한 우리는 그의 가르침에 신실하기 원한다. 우리는 그의 삶의 모범에 신실하기 원한다. 우리는 예수님이 삶으로 사시고 가르치셨던 우선순위와 가치들에 신실하기 원한다. 우리는 예수님이 삶에서 그리고 십자가에서 그러하셨던 것처럼, 우리의 친구와 원수들을 충실하게 사랑하기 원한다. 우리는 그분의 부활의 새 생명에 참여하는 기쁨을 누리기 원한다.

성경에서 믿음, 신실함, 의로움의 개념은 서로 밀접하게 연결되어 있다. 예수님이 신실하셨기 때문에, 우리는 의롭게 되었다. 믿음을 갖는다는 것은 신실하다는 것을 의미한다. 예수님의 신실함이 하나님 앞에서 우리를 의롭게 했다. 그러나 우리가 받은 이 의로움은 신적인 행위로서의 선언, 그 이상의 것이다. 이 의로움은 예수님 자신이 직접 실천하셨고 우리 안에서도 충분히 가능한 것으로써 정의로운 삶과 신실함에 참여하게 한다. 죄인이지만 그리스도가 필요해서 그를 믿은 후에 적법하고 의롭게 된 사람을 생각해보라. "그러므로 우리는 믿음^{또는 신실함}으로 의롭게 하여 주심을 받았으니, 우리 주 예수 그리스도로 말미암아 하나님과 더불어 평화를 누립니다."^{롬5:1} 이 구절은 만약 우리에게 믿음이 있다면 우리가 신실하게 될 것이라는 것을 명확히 한다.

예수님의 길은 세상을 회복시킨다

그리스도는 모두의 왕이시다. 이것은 성경이 그에게 부여한 명칭이다.^{계1:5} 이것은 모든 도덕적 그리고 영적 권위가 그에게 주어졌다는 것을 의미한다. 변화^{transformations}에 대한 계획으로, 그는 온 세상에 이러한 변화를 끼치려 하셨다. 그러나 모든 사람들이 그리스도를 왕으로 인정하는 것이 아니라는 사실은 분명하다. 그러나 우리는 이것이 미래의 어느 순간에 변할 것이라는 사실을 확신한다.

그리스도는 모두를 위한 대제사장이시다.^{히4:14-15} 그리스도가 가져온 구원은 온 세상을 위한 것이다. 대제사장의 역할은 화해를 가져오는 것이다: "누가 죄를 지을지라도, 아버지 앞에서 변호해 주시는 분이 우리에게 계시는데, 곧 의로우신 예수 그리스도이십니다. 그는 우리의 죄 때문에 속죄제물이 되셨으니, 우리의 죄 때문만이 아니라, 온 세상을 위하여 그렇게 되셨습니다."요일2:1-2 하나님의 화해는 모든 인류를 위한 것이다.

그리스도는 모두를 위한 예언자이시다. 그리스도의 가르치심은 모든 세상에 유효하다.마28:19-20 예언자는 하나님의 뜻을 알게 하고 이것을 실천하도록 믿는 자들을 부른다. 이로써 그 분은 하나님에 대한 신실한 증인이 되셨다.

예수님은 우리를 참여자로 부르셨고, 우리를 하나님에 속한 왕들, 제사장들, 예언자들이라고 선포하셨다.벧전2:9 예언자가 된다는 것은 구체적인 상황에서 하나님의 뜻을 선포한다는 것을 의미한다. 제사장이 된다는 것은 하나님과 관련된 사람들을 돕는 도구가 된다는 것을 의미한다. 왕의 가족이 된다는 것은 우리가 하나님의 가족이 될 때, 하나님께서 우리에게 주시는 존엄성과 소명이 있다고 말하는 것이다.

그리스도는 모두의 재판자이시다.행10:42 성경은 미래에 최후의 심판이 있을 것이며 그때에 모든 인류가 우리의 창조주와 구주 앞에서 해명할 의무가 있다는 것을 우리에게 말하고 있다. 하나님은 우리가 우리의 행동과 선택에 대해 책임질 수 있다고 여기신다. 최후의 심판은 두 가지의 실천적 의미를 갖는다. 한편으로 우리가 타인을 판단하는 것이 아니라 하나님께 판단을 맡기도록 부름 받았다.마7:1는 것을 의미하며, 다른 한편으로 우리는 일반적인 사회에서뿐 아니라 믿는 사람들의 공동체에서 공정한 상황을 위해 일하라고 부름 받았다는 의미다. 우리는 예수님의 윤리와 성령에 따라 갈등을 해결하고 돕도록 부름 받았다.고전6:1-7

그리스도는 모든 세상을 위한 선한 목자이시다.요10:11 그분의 사랑은 모든 인류를 향한 것이고, 특히 가장 길을 잃고 가난한 사람들을 향하신다. 양치기는 보호하고 먹이고 치료하고 이끈다. 무엇보다도 양치기는 무리가 함께 있도록 돕는다. 예수님은 자신을 따르는 모든 무리가 하나가 되기를 바라신다.요10:16 더 나아가, 예수님은 모든 인류를 이끌어 자신의 사랑과 삶의 방법에 이르기를 바라신다.요12:32

예수님과 연합하는 모든 사람은 영원한 생명을 얻는다

영원한 생명을 어떻게 상상할 것인가? 우리의 경험을 통해 볼 때, 영원한 것은 없다. 우리의 모든 인식은 공간과 시간의 현실에 묶여 있다. 영원한 생명에 대해 이야기할 때, 성경은 공간과 시간 너머에 있는 실재에 대해 우리의 마음을 열도록 요구한다. 영원한 생명은 본래의 감각이 인지하지 못하는 신성한 차원과 관련된다.여기에는 적어도 다섯 가지 의미가 있다.

● 영원은 여기 지금에서 시작한다. 영생은 죽음 이후에 시작되는 것이 아니다. 이것은 누군가가 그리스도를 주Lord로, 구원자Savior로 선언하고 조건 없이 자신의 삶을 그 분께 순종하기로 결정하는 순간, 하나님에 의해 주어

지는 것이다. "아들을 믿는 사람에게는 영원한 생명이 있다." 요3:36

- 영원한 생명은 하나님 나라의 새로운 시대new age에 소속된다는 것을 의미한다. 그리스도가 오셨을 때, 그리고 그리스도께서 자신의 영을 쏟아 부어 주셨을 때, 새로운 시대 시작되었다. 영원한 그리스도가 이미 교회 가운데 계시기 때문에 교회는 영원한 생명을 가지고 있다. 이미 하나님의 뜻이 하늘에서와 같이 땅에서도 이루어지기를 원하고 있다. 이미 교회는 새로운 문화를 살고 있으며, 우리는 이를 그리스도의 문화라 부른다. 우리는 뉴 에이지 철학과 이데올로기에 대해 많이 들어 왔다. 그리스도인으로서 우리는 "뉴 에이지새로운 시대 New Age"가 그리스도적인 개념이라는 것을 주도적이고 공개적으로 입장으로 가져야 한다. 그리스도가 오신 이후에 "뉴 에이지"가 시작되었다. 뉴 에이지새로운 시대가 현실이 되었기 때문에 그리스도가 오셔서 개인의 삶, 가족, 공동체, 문화에 현존하시는 곳이면 어디든지, 변화가 시작된다.

- 영원한 생명은 죽음이 정복되었다는 것을 의미한다. 영원한 생명은 죽음이 더 이상 실질적인 변화를 가져올 수 없다는 것을 의미한다. 물론 죽음으로 한 시기가 끝나고 또 다른 실재가 시작된다. 물론 죽음은 우리의 육신을 파괴한다. 그러나 그리스도의 부활과 함께 영원한 생명이 우리 삶 속에 드러나며, 죽음 이후의 영원한 생명이 분명하게 성취되며, 기쁨으로 자리하게 된다.

- 성령은 영원한 생명을 우리의 마음과 공동체에 일어나도록 하신다. 누가 우리에게 영원한 생명을 보증하는가? 누가 천국을 이 땅에 가져올 수 있는가? 누가 땅을 천국으로 변형시킬 수 있는가? 그것은 우리의 마음에 그리고 우리의 교회에 삼위일체 하나님의 현존이신 성령이시다. 이러한 영은 "모든 사람들"에게 부어졌다. 행2:17

●영원한 생명은 죄와 정죄함condemnation로 부터 영원히 자유롭게 되었음을 의미한다. 그리스도를 따르는 우리들은 현재도, 미래도, 죽음도, 우리 자신의 약함도, 그 어떠한 것도 우리를 하나님의 사랑으로부터 떼어 놓을 수 없음롬8:18-39을 확신한다. 하나님이 없이 살기로 선택하는 사람들은 영원함 속에서 자신의 존재를 즐길 수 없다. 그러나 하나님을 알고 삶에서 그분을 따르는 사람들은 정죄condemnation를 받지 않을 것이다. 더 이상 시간이 존재하지 않을 때, 그들은 여전히 거룩한 교제 안에 있을 것이다.

1. 누군가 "당신은 예수님을 누구입니까?"하고 질문했다면, 무어라 답하시겠습니까?

2. 예수님은 다음의 어떤 방법으로 여러분의 삶에서 함께 하셨습니까? 치료자, "길", 스승, "진리", 선한 목자, "생명", 친구

3. 예수님은 여러분이 속한 교회에 어떤 방법으로 함께 하십니까?

4. 교회 예배를 통해 여러분의 삶은 어떻게 예수님에게로 향하고 있습니까? 특별히 예배의 실행예식이나, 예배의 어떤 요소들이 도움이 됩니까? 어떤 것이 보충되어야 합니까?

5. 우리의 삶과 산상수훈 사이에 어떤 부분이 일치합니까?

6. 십자가에서 죽으신 그리스도와 치유하시는 예수님 사이에 어떤 연관이 있다고 보십니까? 십자가에서 죽으신 그리스도와 화해 사이에 어떤 연관이 있다고 보십니까? 십자가에서 죽으신 그리스도와 우리의 존엄성과는 어떤 연관이 있다고 보십니까?

7. 어떤 방법으로 여러분은 "그리스도와 부활하였습니까"?

8. 우리 교회는 어떻게 "부활의 삶을 살아갑니까walk in the resurrection"?

9. 다음의 성품 중에 하나가 여러분의 삶에 있다면 다른 두 가지도 있다는 것에 동의합니까? "믿음faith" "신실함faithfulness" "의로움righteousness" 왜 그러한지 설명하십시오.

10. 여러분의 신앙 공동체는 "왕", "제사장", "예언자"로서의 예수님의 명칭과 역할에 어떻게 참여하고 있습니까? 구체적으로 설명하십시오.

11. 이미 시작된 그리스도의 영원한 생명으로 인해 경험하는 교회의 "새로운 문화적" 특성은 구체적으로 무엇입니까?

3. 우리는 성령께 영광을 돌린다

우리는교회로서 죄로부터 돌아서고, 예수 그리스도를 주로 시인하고, 믿음의 고백 하에 세례를 받고, 삶에서 그리스도를 따르라는 하나님의 성령의 부름을 받은 사람들의 공동체이다.

성령이 오셨을 때, 교회는 신자들의 공동체로 생겨났다

교회는 성령 없이 지속될 수 없다. 오늘날 많은 교회들은 그들의 전통, 일정, 의식에 감사하며 기독교 절기를 따라 교회를 운영하는 것처럼 생각한다. 어떤 사람들은 "만약 성령이 이 땅에서 소멸된다 하더라도, 많은 교회들은 이것을 눈치 채지도 못할 것이다."라는 말로 우리의 무감각한 현실에 대해 경고한다. 성령 없이 교회는 아무것도 아니기 때문에, 만약 이것이 사실이라면 비극적인 일일 것이다. 이것이 사실이라면, 교회는 단지 종교사회학의 인류적 현상이나 종교적인 문화전통에 불과할 것이다.

성령은 하나님의 역동적인 현존이다. 우리는 삼위일체가 우리 마음으로 접근할 수 없는 신비라고 말하고 그렇게 받아들인다. 예수님은 그의 제자들에게 영원히 함께 할 것이라고 약속하셨다. 예수님은 제자들이 받을 수 있는 성령의 권능에 대해 말씀하셨다. 우리의 일상경험은 우리가 하나님의 기대에 만족스러운 방법으로 응답하기에 미약하고 무력하다는 것을 확인시킨다. 이곳이 바로 성령이 개입하는 부분이다. 바울은 디모데에게 "하나님께서는 우리에게 비겁한 영을 주신 것이 아니라, 능력과 사랑과 절제의 영을 주셨습니다딤후1:7"라고 말하였다. 에베소에 있는 교회를 위해 바울은 하나님의 "성령을 시켜, 여러분의 속사람을 능력으로 강건하게 해주시고엡3:16"라고 기도했다.

성령은 하나님의 절대적인critical 현존이다. "위기crisis"와 "비평critique"의 어원은 심판이나 결정과 관련된다. 교회를 통해, 성령은 하나님을 기쁘게 하는 일을 더 많이 추진하기를 원하신다. 성령은 또한 하나님 나라와 하나님의 정의를 반대하는 모든 것을 드러내고 심판하기를 원하신다. 성령 그리고 성령과 함께하는 교회는 이 세상에서 결정적인 역할을 수행한다. 빛이 비추는 곳이라면 반드시 어둠이 사라진다. 정의가 명백한 곳은 어디든지, 불의가 분명히 드러난다.

우리는 교회와 성령의 시대에 살고 있다. 이것은 역사의 주인이신 하나님이 결정하신 것이다. 정치적, 경제적 권력 그리고 세계화의 세력을 넘어 하나님의 시각으로 볼 수 있는 실재다. 지금은 성령의 권능 안에 있는 교회의 시대이다. 하나님은 인류를 향한 모든 회복의 계획을 교회의 손에 넘기셨다. 물론 교회가 종종 충성되지 못할 때도 있다. 그러나 하나님은 교회를 통해 모든 세상에 회복의 메시지를 가져오고 그리스도를 보지 못하는 사람들이 그리스도를 볼 수 있게 하셨다. 교회 안에서 그리스도 자신이 성령의 역동적이고 비판적인 현존을 통해 내재하시기 때문에, 교회는 이 땅의 소금이고 세상의 빛이다.

교회는 신자들로 구성된다. 신자들은 예수 그리스도께 무조건적으로 믿음을 부여하는 사람들이다. 우리가 우선적으로 떠올리는 특별한 건물들은 교회가 아니다. 교회란 국가적으로, 전 세계적으로 존재하는 강력한 조직도 아니다. 우리는 교회가 단지 성찬과 의식, 전통, 구조, 또는 규례로 이루어지는 것이 아니라고 믿는다. 교회는 살아있는 존재이다. 성령의 변화시키는 능력을 경험한 사람들이 바로 교회다. 성경은 이러한 경험을 "성령을 통한 세례"와 "성령 충만"으로 표현하고 있다.마3:11; 엡1:13; 엡4:23; 엡4:30; 엡5:18 이러한 경험은 적어도 죄로부터의 회심, 그리스도의 주되심에 대한 순종, 세례를 통한 신앙고백, 그리스도를 따르는 삶에 대한 결심과 연관되어 있다.

성령이 일하시는 곳은 어디에서나 사람들이 죄로부터 돌아선다

죄는 인류의 가장 큰 비극이다. 우리의 사회에서 일어나는 대부분의 결함은 인간의 죄에 기인한다. 하나님의 성품과 뜻에 조화되지 않는 모든 것이 죄다. 우리는 하나님과의 연합으로부터 멀어질 때마다 죄의 영향을 받는다. 죄도 목표와 방향을 가지고 있다. 우리가 잘못된 방향으로 가고 있을 때, 그리고 창조주가 우리의 삶을 행해 가지고 있는 목표를 공유하지 못할 때 죄를 짓는다. 죄에는 행동으로 드러나는 죄와 행동으로 드러나지 않는 죄가 있고, 나쁜 일을 행하는 죄와 선한 일을 행하지 않는 죄들이 있다.

성경은 우리에게 "옛 자아로부터 벗어나"는 가능성에 대해 이야기 한다. 그리스도는 하나님 나라의 새로운 시대만을 가져온 것이 아니다. 그분은 개인적인 갱신의 가능성도 가져오셨다. 성경은 이러한 현실에 대해 창조의 언어creation language로 말하고 있다: "새롭게 창조되는 것이 중요합니다."갈6:15 그러나 누에고치가 껍질을 벗지 않으면 나비가 될 수 없는 것처럼 "벗어버림"이 없이 새 창조는 없다. "여러분은, 지난날의 생활방식에 얽매여서 허망한 욕정을 따라 살다가 썩어 없어질 옛 사람을 벗어버리십시오."엡4:22 그리스도께 "네" 하는 것은 비그리스도적인 태도에 "아니오" 하는 것을 요구한다.

성경은 또한 "새로운 자아를 입는" 가능성에 대해 이야기한다. 하나님 나라와 그의 의는 이미 새 창조를 경험한 "새로운" 인류에 의해 진행된다: "마음의 영을 새롭게 하여, 하나님을 따라 참된 의로움과 거룩함으로 지으심을 받은 새 사람을 입으십시오."엡4:23-24 거룩함은 하나님과 친밀하게 연관되어 있는 모든 것이며 동시에 그분의 존재를 반영하는 모든 것이다.

예수님을 바라보는 것은 죄로부터 벗어나는 최고의 방법이다. 자전거 타는 것을 배울 때, 나는 균형을 잡고 길을 가는 가장 좋은 방법은 가고자 하는 목적지를 바라보는 것임을 알게 되었다. 죄에서 벗어남은 새로운 열정이 우리의 영혼souls을 가득 채울 때 가능하다. 바울은 자신의 과거 실수를 잊을 수 있는 유일한 길이 그리스도의 계획에 집중하고 그분께 자신을 완전히 헌신하는 것이었다고 말한다.빌3:12 히브리서는 죄에 대항할 때, 그리고 그리스도의 동기cause에 헌신할 때, 우리가 혼자가 아니라는 사실

을 말해준다. 우리는 "예수님을 바라보는" "수많은 증인들"과 함께 있다. 히12:1-2

예수님은 죄가 교회를 타락시킬 수 있다고 말씀하셨다. 일반적으로 죄는 교회와 사회에서 파괴적인 힘을 발휘한다. 폭력으로 죄를 대적하는 것은 잘못이다. 죄와 싸우고 있거나 싸움에서 실패한 사람을 거부하는 것은 잘못이다. 예수님은 분명히 그들을 위해 오셨다. 그러나 결단력을 가지고 죄와 싸워야 한다.

교회 밖에서 우리는 예언적인 비판과 훌륭한 모범을 보임으로써 죄와 싸운다. 예수님은 교회 안에서 우리에게 형제로서 서로 훈계하라고 말씀하신다. 이것은 은밀하게 시행함으로써 시작되어야 하고 믿음의 동료를 공적으로 수치를 당하지 않도록 해야 한다. 만약 그 동료가 "죄로부터 돌아서지" 않는다면 증인들 앞에, 그리고 마지막에 회중에 속한 신자들 앞에 세워 고백하도록 해야 한다.

특별히 예수님은 서로를 올바르게 하려하고 죄로부터 돌아서게 하려는 사람과 함께 하시겠다고 약속하셨다. 마18:15-20 물론 그러한 노력에는 형식주의 위험이 뒤따른다. 교회가 규율을 남용할 가능성도 있다. 그러나 죄로부터 거리를 두는 것에 실패한 교회는 신뢰와 존경과 권위를 잃게 된다.

성령이 깨닫게 하실 때 사람들은 예수 그리스도를 주로 인정하게 된다

예수님은 하나님 나라의 주Lord이시다. 누군가가 성령의 권능으로 믿음의 가족이 된다면, 그 사람은 삶에서 새로운 주권자를 알게 되었기 때문에 교회와 하나님 나라의 부분이 된다. 그리스도인의 자유는 형제이고 친구이기도 한 새로운 주를 받아들이며 이루어진다. 같은 이유로 교회는 그리스도 이외에 어떤 다른 주권자를 받아들이지 않는다. 마찬가지로 하나님의 사람은 그리스도와 완전히 일치되지 않는 지도력을 인정하지 않는다. 같은 이유로 하나님 나라는 왕이신 주 예수 그리스도로부터 오는 특성을 갖는다.

2차 세계대전 이전, 독일이 하나의 "퓌러"(Fuhrer, 아돌프 히틀러가 독일 제3제국^{1933~45}의 절대적 권력자로서의 자신의 역할을 정의하기 위해 사용했던 칭호)에 의해 지배되는 것을 준비할 때, 예수 그리스도에게만 속한 권위를 인간의 정치 지도력에 부여하는 정말 위험한 일을 강행했다. 그러자 스위스 신학자 칼 바르트Karl Barth의 지도아래 "고백 교회Confessing Church"는 "바르멘 선언Barmen Declaration"으로 알려진 용기 있는 대중 성명서를 발표했다. 이 성명서의 첫 문단은 "교회는 예수 그리스도의 지도력 이외의 다른 지도력을 인정하지 않는다"라고 명시하고 있다.

하나님 나라의 역사는 세상의 역사와 어떻게 연관되는가? "세속적인" 역사 또는 "성스러운" 역사 중에 어떤 것이 실제 이야기인가? 이러한 질문에 대한 답은 우리의 관점에 달려 있다. 성경은 "육에 속한 사람은 하나님의 영에 속한 일들을 받아들이지 않습니다."^{고전2:14}라고 우리에게 말한다. 그러므로 우리가 성령의 도우심 없이 인류의 역사 속에 분명히 드러나 있는 하나님 나라의 역사를 인식하는 것은 어렵다.

하나님의 관점에서는 단지 하나의 역사가 있을 뿐이다. 하나님께는 세속적인 것과 성스러운 것의 구분이 없다. 우리는 일요일 예배를 "신성한" 것으로 보고, 주중의 일상적인 현실을 "세속적인"것으로 보는 경향이 있다. 이것은 인간의 불신앙에서 오는 분리이다. 모든 것이 그리스도의 주도권 아래 속해 있다는 것이 진리다. 성육신incarnation을 통해 예수님은 인간 역사에 드러나게 참여하셨다. 그분의 삶과 죽음, 부활과 승천, 그리고 성령의 권능을 통한 교회, 영광 속에서의 그리스도의 재림은 인간 역사에 영향을 준 실재다.

하나님 나라에 대해 이야기할 때 우리는 다른 나라들과 하나님 나라를 구분한다. 하나님 나라가 인간의 역사와 현실을 통합시키는 것이 가능할까? 이에 대한 답은 그럴 수도 있고 아닐 수도 있다. 그리스도의 주권과 하나님 나라가 인류의 현실에서 완전히 실현되는 것은 진리이다. 복음이 인류의 존재와 인류 문화의 모든 영역을 변화시키는 힘이 있다는 것은 진리이다. 어떤 것도 배제되지 않는다. 그러나 하나님 나라는 자기중심과 적대감으로 추진되지 않는다. 대신에, 하나님 나라는 예수님이 친히 가져오시는 우선권과 가치 안에서 표현된다. 하나님 나라가 삭개오의 삶에 임했을 때, 삭개오는 여전히 자신의 동네에서 키 작은 사내였지만, 가치와 우선권에 대한 새로운 규율이 그의 삶이 방향을 결정지었다.

나라kingdom에 대해 이야기 할 때, 우리는 권력에 대해 질문하게 된다. 권력 없이 변화도 없다. 그러나 권력에는 합법적인 권력과 비합법적인 권력이 있다. 비합법적인 권력은 이기심에 의해 자라나고 불의로 이어진다.

합법적인 권력은 하나님의 성품과 예수님의 삶을 조화시킨다. 이것은 성령으로 인해 부여된 권력이다. 그리스도를 따르는 사람들은 다른 종류의 권력을 추구해서는 안 된다.

하나님 나라를 가져오는 사람들은 변화를 위해 노력한다. 대부분의 인류는 변화를 갈망한다. 많은 사람들은 우리가 사는 이 시대에 선한 변화가 일어나지 않을지 모른다는 두려움을 갖고 있다. 복음의 좋은 소식은 선한 변화를 가능하게 한다. 이것은 죄로부터 돌아서기로 결심한 사람들에 의해 확인된다. 그리스도가 주로 선포되는 모든 곳에서, 모든 공동체에서, 모든 문화에서, 선한 변화를 볼 수 있을 것이다.

어디든지 성령이 인간의 삶을 주관하시는 곳이라면
사람들은 세례를 통해 믿음을 고백한다

성인 물세례는 성령세례를 나타낸다. 우리는 세례의식 그 자체가 구원의 힘을 갖는다고 믿지 않는다. 그러나 우리는 세례의식이 메시지를 강력하게 전달하는 실행예식이라고 믿는다. 세례의 행위가 구원의 개념, 교회의 개념, 그리스도인의 삶의 개념을 재정의 했기 때문에 초기 아나뱁티스트 교회는 심한 박해를 받았다. 성경이 말하는 성령세례는 이러한 총체적인 메시지를 요약해 놓은 표현이다. 물세례는 이러한 사건을 공적으로 표현하고 전달하는 것이다.

성인 물세례는 그리스도와 함께 죽고 부활하는 것을 나타낸다. 성령이 개인의 삶에서 역사할 때 어떤 것은 죽고 어떤 것은 살아난다. "그러므로 우리는 그분의 죽으심과 연합하는 세례를 받음으로써, 그분과 함께 묻혔습니다. 이것은, 그리스도께서 죽은 사람들 가운데서 아버지의 영광으로 살리심을 받은 것과 같이, 우리도 새로운 생명 가운데서 살아가게 하려는 것입니다."롬6:4

성인 물세례는 모든 죄가 씻어지는 것을 나타낸다. 날씨가 더운 나라에서는 먼지와 땀 때문에 목욕과 씻는 일이 매우 중요하다. 그러나 이러한 이유들과 더불어, 이스라엘 백성은 그들이 하나님의 현존 앞에 서기위해 청결과 정화에 대한 특별한 지시를 받았다. 성경에서 죄는 하나님과 우리의 이웃 앞에서 우리를 더럽고 불쾌하게 만드는 무엇인가로 인식된다. 세례는 그리스도의 구원 행위의 결과로 성령이 행하시는 정화 사역을 표현한다.

성인 물세례는 그리스도의 몸인 공동체와 하나가 되는 것을 나타낸다. 어떤 교회들은 세례와 지역교회의 입교자격을 두 개의 다른 일로 간주한다. 그러한 교회들은 세례를 받음으로 우리가 "비가시적인invisible" 교회로 들어간다고 설명한다. 그러나 우리는 교회가 항상 가시적visible이어야 한다고 믿는다. 성령의 은혜로, 세례를 통해 우리는 전 세계의 교회와 동시에 지역교회의 부분이 되는 것이다. "우리는 유대 사람이든지, 그리스 사람이든지, 종이든지, 자유인이든지, 모두 한 성령으로 세례를 받아서 한 몸이 되었고, 또 모두 한 성령을 마시게 되었습니다."고전12:13

성인 물세례는 공적인 언약을 나타낸다. 우리는 노아, 아브라함 그리고 이스라엘 민족과 하나님의 언약에 대해서 이야기해왔다. 우리는 신약에서 하나님이 예수님을 통해서 연약의 사람을 회복시키신 것을 보았다. 하나님과의 언약 그리고 교회와의 언약을 명시하는 개인적이고 공적인 방법은 세례로 표현된다. 세례는 신앙공동체와 함께 삶에서 그리스도를 따른다는 언약이다.

성령의 교회에 속한 사람들은 누구나 삶에서 그리스도를 따르기 원한다

예수라면 어떻게 할 것인가? 예수라면 어떻게 생각하실까? 예수라면 어떻게 말씀하실까? 이러한 질문은 위대한 기독교 개혁가들의 삶에 커다란 영향을 미쳤다. 우리는 알버트 슈바이처Albert Schweitzer가 의료봉사를 통해 그리스도를 따르기로 했던 것을 보았다. 디트리히 본회퍼Dietrich Bonhoeffer와 마틴 니묄러Matin Niemöller는 예수라면 어떻게 하실까? 스스로에게 물으면서 나치 체제의 반기독교 이데올로기를 강력히 반대했다. 역사를 통해 이러한 질문은 여성들과 남성들이 그들의 시대에서 차별화 된 삶을 살도록 이끌었다.

삶에서 그리스도를 따르려는 이러한 소망은 어디서 온 것인가? 이것은 명백한 성령의 역사이다. "그러나 보혜사 성령께서…너희에게 모든 것을 가르쳐 주시고, 또 내가 너희에게 말한 모든 것을 생각나게 하실 것이다." 요14:26 이것은 예수님이 약속하신 것이다. 그리고 바울은 "그러나 우리는 그리스도의 마음을 가지고 있습니다"고전2:16라고 덧붙였다. 또한 바울은 "여러분은 이런 태도를 가지십시오. 그것은 곧 그리스도 예수께서 보여 주신 태도입니다"빌2:5라고 우리에게 권면했다.

그리스도를 따르는 삶은 하나님의 선물이다. 우리는 우리 자신의 노력으로 이것을 행할 수 없다. 오히려 그 반대가 사실이다. 많은 순간 우리는 주님의 길을 따르는 것에 실패하고 그 길을 불명예스럽게 한다. 그러나 성령의 임재를 통해 우리에게 주어지는 하나님의 은혜는 우리의 실패를 용서할 뿐 아니라, 우리를 강하게 하고 삶에서 그리스도를 따를 수 있게 한다.

예외 없이 누구나 그리스도를 따르는 삶을 선택할 수 있다. 그리스도 안에서 남성과 여성, 서로 다른 집단, 또는 사회적 계층 사이에 차별은 없다. 그리스도를 따름은 차별을 극복한다. 성령은 우리가 서로 다른 문화 속에서 그리스도를 따르도록 힘을 주신다. 베드로는 예수님께서 그를 군대의 백부장인 고넬료의 집에 보내셨을 때 이 사실을 알게 되었다. 성령은 하나님께서 깨끗하게 하신 것을 그가 불결하다고 하는 것을 허락하지 않으셨다. 그리고 고넬료가 성령을 받았을 때, 베드로는 "나는 참으로, 하나님께서는 사람을 외모로 가리지 않는 분이시고, 그분을 두려워하며 의를 행하는 사람은, 그 사람이 어느 민족에 속해 있든지, 다 받아 주신다는 것을 깨달았습니다"행10:34-35라고 말했다.

그리스도와 함께 사는 것은 삶에서 뿐 아니라, 죽음까지도 극복하게 한다. 삶에서 예수님과 함께 걷는다면, 그분은 죽음의 순간에도 우리와 함께 걸으실 것이다.

바울은 "그러므로 우리는 살든지 죽든지 주님의 것입니다"롬14:8라고 결론지었다. 그는 영원한 삶은 "…우리가 항상 주와 함께 있을 것입니다"살전

4:17라고 간략하게 정의했다.

1. 우리 교회는 인류를 위한 하나님의 "총체적인 회복 프로젝트"를 수행하기에 충분히 준비되어 있다고 믿으십니까? 우리가 보고 경험한 증거는 어떠한 것입니까?

2. 저자가 67~69페이지에서 주장한 것처럼, 교회가 정치, 경제, 세계화의 힘보다 더 큰 능력을 갖고 있다는 증거는 무엇입니까?

3. 교회 뿐 아니라 개인적으로, 성령의 역사하심과 권능을 어떻게 더 많이 경험할 수 있습니까?

4. 인간과 하나님은 "옛 자아를 벗어버리고" "새로운 자아를 입는" 프로젝트에 어떻게 함께 합니까?

5. 우리는 "구름과 같은 수많은 증인들"로부터 오는 힘에 어떠한 방법으로 접근할 수 있습니까?

6. 교회는 어떻게 상황을 더 악화시키지 않으며 권면하고 죄로부터 돌아서 도록 도울 수 있습니까?

7. 성숙한 그리스도인들은 "성"과 "속"을 더 이상 구별하지 않으면서 삶 속 의 모든 것을 "성스러운 것"으로 봅니까?

8. 아나뱁티스트 교회에 속한 그리스도인들에게 힘power은 종종 부정적인 단어입니다. 우리는 성령의 능력power을 어떻게 더 온전하게 이해할 수 있 습니까? 우리는 어떻게 더 온전하게 이것을 경험할 수 있습니까?

9. 성인 물세례는 신실한 그리스도인으로 살기 원하는 사람에게 꼭 필요합 니까? 교회의 신실함에 대해 성인 물세례를 행하는 것은 꼭 필요합니까?

10. 성령은 인간의 삶에 실질적으로 어떻게 역사하십니까?

11. 다음과 같은 신자들의 질문에 성령님은 어떻게 응답하십니까: 1 예수라 면 어떻게 하실까? 2 예수라면 어떻게 생각하실까? 3 예수라면 어떻게 말 씀하실까?

4. 우리는 성경을 함께 해석한다

우리는 신앙 공동체로서 믿음과 삶을 위한 권위로 성경을 받아들이며, 성령의 인도 하에 성경을 함께 해석하고 예수 그리스도의 빛 안에서 우리의 순종이 하나님의 뜻임을 분별한다.

우리는 성경을 통해 삼위일체 하나님의 이야기를 안다

성경은 매우 인간적인 책이다. 구약의 39권과 신약의 27권은 전혀 다른 저자들에 의해 쓰였다. 각 권은 언어, 문학적 형태, 주제, 우선 사항, 그리고 기록된 시기가 다르다. 비록 본문들이 매우 잘 보존되어 왔지만 수세기 동안 손으로 필사되어야 했다. 우리가 현재 확인 가능한 필사본은 원본의 복사이고, 어떤 부분은 원문과 다르다. 또한 성경은 기본적으로 인간의 두려움, 기쁨, 경험, 성취, 실패로 점철되어 있기 때문에 매우 인간적이다. 성육신incarnation으로 오신 예수님이 완전한 인간이 되셨던 것처럼, 우리는 성경을 통해 하나님께서 완전히 인간적인 방법으로 우리에게 말씀하신다는 것을 확신할 수 있다.

성경은 매우 신성한 책이다. 이렇게 말하는 것으로 우리는 인간의 과학과 논리로 증명하는 것이 불가능한 믿음을 확증할 수 있다. 기독교 교회는 성육신하신 그리스도가 하나님의 말씀임을 믿는다. 기독교 교회는 성경Holy Scripture이 그리스도의 증언을 기록한 것이라고 믿는다. 이러한 증인들은 인류에게 주신 하나님의 커다란 선물이다. 성경 없이 우리는 하나님에 대한 어떤 것도 알지 못한다. 그분의 성품이나 과거와 미래의 구원 사역을 알지 못한다. 예수님은 우리에게 하나님이 어떤 분이시며, 그분이 원하는 것이 무엇인지 보여주신다. 감사하게도 성경Holy Scripture에서 우리는 이러한 것에 대한 믿을 수 있는 정보를 얻는다.

성경의 영감은 신비한 것으로 여겨진다. 우리는 성령께서 어떻게 성경을 기록하도록 인도하셨는지를 확실히 알지 못한다. 성경 어디에서도 우리는 과학적 방법에 대한 정보를 얻지 못한다. 그러나 우리는 성령의 일하심으로 성경이 하나님이 원하시는 대로 기록되었다는 것을 믿는다.

또한 성경은 대부분이 오늘날 말하고 있는 언어와 다른 언어로 기록되었다. 그러므로 우리는 번역과 번역의 능력에 의존한다. 완벽한 번역은 불가능하다. 인간의 언어는 변화하기 때문에 좋은 번역을 제공하려는 시도는 지속적인 과제이다. 그러기에, 우리는 성령의 인도하심을 필요로 한다.

성경에서 우리는 증인들의 기록을 읽는다. 신약의 말씀들은 묘사된 사건을 개인적으로 목격한 증인 혹은 그 증인들과 만났던 사람들에 의해 기록되었다.

대부분의 성경 저자들이 스스로 기록한 이야기의 부분이라고 하는 주장을 눈여겨 볼 필요가 있다. 그리고 그들은 우리가 같은 방식으로 사귐fellowship의 부분이 될 수 있다고 기록한다. "우리가 보고 들은 바를 여러분에게도 선포합니다. 우리는 여러분도 우리와 서로 사귐을 가지기를 바라는 것입니다. 우리의 사귐은 아버지와 또 그의 아들 예수 그리스도와 함께 하는 사귐입니다. 우리가 이 글을 쓰는 것은 우리 서로의 기쁨이 차고 넘치게 하려는 것입니다."요일1:3-4

성경의 영감의 신비를 받아들이는 것과 같은 방법으로, 우리는 성경을 믿음의 부분으로 받아들인다. 인간의 관점으로 볼 때 성경은 이스라엘 백성과 초기 교회에 의해 성립되었다. 우리는 성경을 변호할 능력과 권위가 없다. 성경은 과거 2000년 동안 그래왔던 것처럼 그리스도의 교회라는 토대와 권위로 스스로를 변호한다.

물론, 우리는 최고의 번역을 위해 모든 방식을 동원해야 하지만, 동시에 우리는 "성경적 해석"에 의존한다. 이것은 성경 자체로 성경을 해석한다는 의미이다. 우리가 이해하기 어려운 부분에 대해, 우리는 명확하고 확실한 부분을 통해 빛을 비추려한다. 우리는 아직 명확히 이해하지 못한 부분에 의해 어려워하기보다 우리가 명확히 이해한 것들을 실천에 옮기는 것에 집중한다.

성경에 기반을 둔 역사와 정보가 우리의 믿음과 삶에 대한 권위이다

성경에는 권위가 있는데 이는 성경이 주는 정보가 진실한 것이라고 믿기 때문이다. 성경의 목표가 우리의 믿음과 삶을 이끄는 것이라는 점은 의심의 여지가 없다. 많은 역사적, 과학적 정보를 전함에도 불구하고, 성경은 각 시대의 독자들이 접근할 수 있는 언어, 개념, 세계관을 사용하고 있다. 그렇다고 성경이 우리 시대에 권위를 행사할 수 없다는 의미는 아니다. 그럼에도 우리는 성경을 완전히 이해하기 위해 언어학, 역사, 해석학의 도움 되는 모든 수단을 사용할 것이다. 우리의 논리 또는 현대 과학이 성경을 논리적으로 이해하지 못할 때, 우리는 겸손과 자기비판의 태도를 가져야 한다.

하나님이 세상을 창조하셨을 때, 홍해가 열렸을 때, 처녀인 마리아가 잉태했을 때, 베드로와 요한이 텅 빈 무덤을 보았을 때, 우리는 그곳에 있지 않았다. 하나님께서 역사에 개입하신 기록된 증거들을 어떻게 해석해야 하는지에 대해 우리 모두가 일치하지도 않는다. 그러나 우리의 과학과 이성이 성경본문을 반대하고 있다는 지나친 판단 대신에, 우리는 우리 자신의 과학과 이성의 능력에 대해 겸손하고 비판적이어야 한다.

하나님은 기록된 증거나 성서를 통해 자신의 뜻을 알리기 원하셨기 때문에 성경은 권위가 있다. 처음부터 하나님은 구원을 위해 역사에 개입하심으로 스스로를 드러내셨고, 이를 알리기 위해 성경을 기록하게 하셨다. 하나님은 이스라엘 민족에게 자신의 윤리적 성품을 나타내실 때, 돌에 쓰인 십계명을 주셨다. 가버나움의 회당에서 사역을 시작하신 예수님은 구약성경을 읽으셨다. 구약과 신약은 하나님께서 우리의 생각과 마음에 자신의 율법을 새기기를 원하신다고 설명한다.히8:10 바울은 디모데에게 보낸 편지에서 초기 교회가 전체 성경에 전념했다고 기록하고 있다: "모든 성경은 하나님의 영감으로 된 것으로, 교훈과 책망과 바르게 함과 의로 교육하기에 유익합니다."딤후3:16

예수님께서 그 안에서 말씀하셨기 때문에 성경은 권위가 있다. 그렇다고 성경책을 우상으로 만들지는 않는다. 우리는 성경이 천국에서 뚝 떨어졌다고 믿지 않는다. 또한 우리는 하나님의 말씀이 곧 바로 문서로 되었다고 주장하지 않는다. 우리가 성경에 있는 모든 단어에 대해 감사하지만, 성경 그 자체가 곧 예수님이 탁월한 하나님의 말씀이시라는 것을 말해주고 있다.^{요1:14} 사랑받는 제자였던 요한은 다음과 같이 분명한 어조로 말한다. "여러분과 라오디게아에 있는 사람들과, 그 밖에 나의 얼굴을 직접 보지 못한 사람들을 위하여 내가 얼마나 애쓰고 있는가를, 여러분이 알기를 바랍니다. 내가 이렇게 하는 것은, 그들이 사랑으로 결속되어 마음에 격려를 받음으로써, 풍부하고도 완전한 이해력을 갖게 하고, 나아가서는 하나님의 비밀인 그리스도를 깨닫게 하려는 것입니다."^{요일1:1-2}

성령께서 각 저자를 통해 역사하셨기 때문에 성경은 권위가 있다. 우리가 예수님의 성육신을 받아들이는 것과 같은 방법으로, 우리는 성경이 100% 인간적이고 100% 신성하다는 것을 믿는다. 예수님의 성육신을 믿는 것처럼, 우리는 이러한 믿음이 우리의 이성과 논리적 능력을 뛰어 넘다는 것을 인정해야 한다. 성령은 우리와 같이 정신적, 언어적 한계를 갖고 있고 역사적, 문화적 맥락에 있는 일반적인 사람들을 사용하셔서 성경을 쓰도록 거룩하게 하시고 인도하셨다.^{벧후1:21}

성경은 몇 번이고 되풀이해서 교회를 새롭게 순응시키기 때문에 권위가 있다. 성경은 교회의 믿음을 강하게 하고, 일상의 윤리적 삶을 살게 한다.

교회의 역사는 갱신renewal의 역사이다. 모든 진실한 갱신은 성경을 새롭게, 강렬하게, 순종적으로 읽는 것을 통해 나타났다. 아씨시의 성프란치스코, 마틴 루터, 마이클 새틀러, 메노 사이먼스가 그러한 예이다. 존 웨슬리, 찰스 스펄전, 플로렌스 나이팅게일, 마틴 루터킹 주니어가 그러한 예이다.

물론 성경에 대한 불충분하고 문자적인 해석도 많이 있다. 이러한 것들은 대부분 문화, 교회구조, 의복, 과학적 정치적 개념의 변화하는 주제들과 관련하여 일어난다.

전통주의 뿐 아니라 문자주의는 교회에 해를 입히고 교회를 절름발이로 만들 수 있다. 예수님 시대의 율법학자와 바리새인들이 그러한 예이다. 때때로 루터, 메노나이트, 침례교회, 감리교회 시대에도 그러한 예는 있었다.

예수님은 우리가 하나님 마음의 원래 동기를 찾도록 하기 위해 성경을 읽도록 권하셨다. 이러한 이유에서 우리는 성경을 예식, 전통, 율법을 만들어내기 위해서가 아니라, 우선 교회의 믿음과 삶을 이끌기 위해 읽어야 한다.

오늘날에 적용 가능한 성경적 의미를 이해하기 위해서
우리는 서로를 필요로 한다

모든 멤버들이 성령을 소유하고 있기 때문에 회중의 성경해석congregational interpretation은 얼마든지 가능하다. 함께 성경적 의미를 찾아 가는 일을 회중의 해석 또는 공동체의 성서 해석법community hermeneutics이라고 부른다. 각각의 신자들이 성령을 갖고 있다면, 그들은 또한 은사를 받은 것이고 회중의 삶을 좀 더 풍성하게 함으로써 성령의 열매를 맺게 된다고 믿는다. "그런즉 형제들아 어찌할까 너희가 모일 때에 각의 찬송시도 있으며 가르치는 말씀도 있으며 계시도 있으며 방언도 있으며 통역함도 있나니 모든 것은 덕을 세우기 위하여 하라."고전14:26

혼자서 개별적으로 해석을 시도하는 것보다 훨씬 더 부요하고 한편으론 덜 위험하기 때문에 회중의 성경해석은 필수적이다. 모든 은사를 다 가진 사람은 없으며, 필요한 지식이나 지혜를 모두 가진 사람도 없기 때문이다. 회중 안에는 남녀노소, 부한 자와 가난한 자, 다른 기질의 사람들, 그리고 각기 다른 직업과 직종을 대표하는 사람들이 있기 때문에 서로 유익을 얻을 수 있다.

"모든 사람으로부터" 나오고 또한 "모든 이들에게" 주어지는 성경해석은 전체 회중을 부요하게 할 것이다. 이와 같은 성경해석은 개인적으로 권위를 남용하는 일을 막을 수 있다. 물론 올바른 해석을 위해 필요한 도구들을 알고 있는 교사나 적절한 신학훈련을 받은 성경해석가가 필요하기도 하다. 그러나 성경적인 해석은 소수의 몇몇 성경을 다루는 전문가들에게 부여된 독점적인 권리가 되어서는 안 된다. 성령이 있는 사람들은 성경을 해석하고 성경말씀을 적용하는 데 협력한다.

훌륭한 성경해석은 지속되어야 하며 새로워져야 한다. 우리는 지난 2,000년 동안 성경을 읽어왔던 그리스도의 제자들과 함께 교제를 나누며 성경을 읽어왔다. 전통적인 성경 해석에 기꺼이 귀를 기울이지 않는다면 그것은 교만이며, 불성실이다. 모든 훌륭한 전통은 당대에 그리스도께 충성하고자 했던 교회의 열심을 통해서 나왔다. 그러나 우리가 성경을 읽을 때, 훌륭한 전통을 넘어 현재와 미래를 바라보면서 읽어야 한다. 예수님 자신은 우리에게 새것과 옛것을 함께 인정하라고 요청하신다.[마13:52] 우리는 전통을 분석하고 성경적 가치와 성경적 실행예식을 재형성해야 한다. 성경해석은 현재와 미래 세대들이 함께 이해하고 신실하게 따를 수 있는 방식으로 이뤄져야 한다.

훌륭한 성경해석이란 체계적이어야 하지만 또한 각 개인들이 쉽게 접근할 수 있어야 한다. 성경은 서신서와 역사이야기, 시와 예언의 말씀, 비유, 잠언, 법과 가르침을 모아놓은 책이다. 모든 문화에 있어서, 사람들의 마음은 어떻든지 간에 성경의 가르침들을 하나의 질서로 자리하길 바라는데, 이는 특정한 사람들 혹은 특정한 문화적 그룹이 견지하는 논리와 이해에 적합한 것이어야 한다. 보편적인 교회 또한 연합을 이루기 위해 어느 정도는 함께 공유할 수 있는 신학적 결론을 필요로 한다. 그럼에도 불구하고 성경의 진리는 개인적 방식의 신앙으로 경험되고 이해되어야 한다. 물론 공동체 안에서 성경을 읽는다는 것은 개인의 행동을 예측하는 데 도움을 주기도 하지만 모두를 위한 결론에 도달하는 것을 의미한다.

공동체적 성경해석은 세계의 모든 교회를 올바로 서게 하며 부요케 하는 것이어야 한다. 한 지역교회나 특정민족이 모인 그룹 안에서나 한 문화권이나 한 나라에서만 성경을 읽는다면, 거기서 나오는 것은 소위 "지역신학local theology"이 될 것이다. 특정한 상황에 대한 특정한 해답을 찾는데 이러한 지역신학이 도움 될 수 있다. 이 사실은 초기 아나뱁티스트 신자들로부터 가장 최근의 라틴 아메리카에 존재하는 기초 공동체에 모두 해당하는 말이기도 하다.마20:1-16 터키가 유럽을 침략하고 교회가 거룩한 전쟁을 요구하였을 때, 초기 아나뱁티스트 신자들은 예수님을 따르는 제자가 된다는 것이 무슨 의미인지 알기 위해 성경을 읽었다. 라틴 아메리카의 기초 공동체에서는 작은 농경 사회라는 배경 속에서 예수님의 방식으로 어떻게 기독교적 연대와 상호 협력을 이루며 살지를 고민해왔다.

그러나 우리의 신학을 갖고, 우리 지역 특유의 방식으로 성경을 읽는 것이 최종결론이 될 수 없다. 그리스도의 몸은 국적과 문화, 대륙, 그리고 교단을 넘어선다. 그러기에 우리는 세계를 하나의 공동체로 생각하고 성경을 읽어야만 한다. 많은 오해들과 편견, 그리고 많은 대결 구도, 더 나아가 기독교인들이 사는 나라들 간에 전쟁이 일어나는 것은 교회가 그리스도의 한 몸이라는 생각을 갖고 성경을 읽지 않고, 해석하지 않은 것에 기인한다. 메노나이트 세계 협의회Mennonite World Conference의 도움으로 계발된 신념은 세계 각국의 아나뱁티스트 교인들이 함께 공유하는 것으로 성경을 함께 읽고, 함께 이해하는 세계적인 차원의 노력이다.

현재 적용가능한 성경의 의미를 이해하기 위해서
우리는 성령이 필요하다

우리는 우리 시대를 성경에 비추어 해석하기 위해 성령을 필요로 한다.

그리스도의 교회는 많은 시대를 거치며 존재해왔다. 또한 현재도 계속 이어져오고 있다. 극심한 핍박의 시기가 있었는가 하면 반대로 공인을 받은 시기도 있었다. 경제적으로 번영을 누린 시기가 있었던 반면 궁핍의 시기도 있었다. 현재 전체주의적 정부의 통제 아래에 있는 교회도 있고, 민주주의 체제 아래에 있는 교회도 있다. 몇몇 교회들은 반 기독교적 사상이 지배하던 시대에 존재했고, 어떤 교회는 기독교가 공식적인 종교였던 때에 있기도 했다. 기독교에 대해 문호가 개방되어 있는 시기도 있었고 닫혀있을 때도 있었다. 이 모든 경우에 있어서 성경을 해석하는 것은 교회가 존재해있던 바로 그 시점, 바로 그 순간과 적절하게 연관되어 있어야 한다.

우리 문화를 성경에 비추어 해석하기 위해 우리는 성령이 필요하다. 모든 믿는 자들은 문화적 전통의 한 부분을 차지한다. 모든 인간이 죄로 얼룩져있기 때문에 모든 인간의 문화 또한 죄 아래 물들어 있다는 것이 사실이다. 그 문화 속에는 선하고도 하나님께 속한 요소들이 있고 또 한편으로는 해롭고 악한 요소들도 있다. 우리는 우리 문화 속에서 보존해야 되는 것과 구속해야 할 것들을 분별하기 위해서, 그리고 하나님의 성품과 뜻을 아는 지식의 빛을 받아 우리에게 회개의 변화가 필요한 부분이 무엇인지를 분별하기 위해 성경말씀과 성령을 필요로 한다.

우리는 또한 교회적 전통을 성경에 비추어 해석하기 위하여 성령이 필요하다. 교회나 예배 의식 속에서 우리가 행하는 전통은 우리에게 평화와 안전을 제공해준다. 전통을 존중하는 것은 신앙의 선조들을 존중하는 것을 의미한다. 그러나 전통의 중요성을 잃어버리거나 또 그리스도의 뜻을 이해하는데 아무런 도움이 되지 않는 전통을 지나치게 의존할 경우 우리는 난관에 빠지게 될 것이다. 각 사람들이 개인의 신앙체험과 예수님과 함께 하는 삶을 필요로 하듯이, 각 세대는 성경말씀에 비추어 전통을 재점검해야 한다. 교회는 새로운 전통을 창조하는데 있어 자유로워야 한다. 그리하여 성경의 메시지가 현재나 미래 모두에 있어 중요한 메시지가 되도록 해야 한다.

성경 본문과 배경을 이해하는 데 있어서도 성령이 필요하다. 물론 정확하고 전문적인 분석을 하거나 성경 본문을 해석하는 많은 방식들이 있다. 성경에 나오는 이야기들과 당시의 역사적 배경을 이해하는 데 도움을 주는 문서자료들도 많이 있다. 그러나 교회는 성경이 놀라운 역사적 본문이나 문학적 본문 그 이상이라고 믿고 있다. 성경본문은 하나님께 속해 있는 영적 실재의 개념을 인간의 언어로 설명해 준다. 그러므로 우리는 귀납적인 성경 공부를 인도하거나 성경 본문을 신실하게 탐구함에 있어서도 성령이 필요한 것이다.

예수 그리스도는 성경 말씀을 해석하는 데 빛을 비추어 주신다

우리가 생명의 빛과 예수님의 가르침에 비추어 성경 전체를 읽는다면 어떤 일이 벌어질까? 예수님은 분명 우리 가운데 거하시기 위해 오신 하나님의 말씀이라고요1:14 요한은 말하지 않았던가? 어두움에 굴복됨이 없이 어두움을 비추는 이 분은 어떤 말씀을 의미하는가?요1:5 어떠한 말씀이기에, 실재하면서 가시적으로 보고 만질 수 있는 것일까? 얼마나 실제적으로 존재하는 분이기에 우리와 교제를 나눌 수 있다는 말인가? 얼마나 실제적이면 그분을 보기만 해도 하나님 아버지와 그분의 뜻을 이미 본 것이라고 말할 수 있는가? 얼마나 실제적이면 하나님 앞에서 우리를 대신하여 중보하시는 분이라고 할까?요1 2:1

우리의 모든 성경해석이 예수님의 가르침에 초점을 맞춘다면, 그래서 교회의 실행예식이나 세상 안에서 현존하는 모습이 예수님의 가르침대로라면 어떤 일이 일어날까? 예수님은 자신을 길이요, 진리요, 생명이라고 말씀하지 않으셨던가? 우리가 다른 신념을 가진 자들이나 예수님 이전에 있었거나 예수님 이후에 왔던 선생들을 존중하지만, 예수님을 따르는 우리는 이 말씀이 예수님 외에 가능한 또 다른 길이나, 또 다른 진리나, 또 다른 생명의 형태가 있다고 믿지 않는다.

예수님의 죽으심과 부활하심에 비추어 성경 전체를 읽는다면 무슨 일이 일어날까? 예수님이 십자가에서 돌아가셨다는 사실을 가장 소중한 말씀으로 받아들이지 않으면서 성경을 읽거나 이해할 수 없을 것이다. 예수님이 죽음에서 다시 살아나셨다는 사실을 가장 중요한 말씀으로 받아들이지 않으면서 성경을 읽거나 이해할 수는 없을 것이다. 모세와 다윗과 율법, 그리고 선지자들이 새로운 빛 가운데 나올 수 있는 부분이 바로 이 부분이다. 사도들의 전 생애와 사도들에 의해 세워진 교회는 바로 이 사실 곧 "이를 위하여 그리스도께서 죽었다가 다시 사셨으니 곧 죽은 자와 산자의 주가 되려하심이니라"롬14:9는 말씀이 중심이 된다. 우리의 삶과 성경적인 해석은 "그리스도의 사랑이 우리를 강권하시는도다. 우리가 생각건대 한 사람이 모든 사람을 대신하여 죽었은즉 모든 사람이 죽은 것이다. 저가 모든 사람을 대신하여 죽으심은 산 자들로 하여금 다시는 저희 자신을 위하여 살지 않고 오직 저희를 대신하여 죽었다가 다시 사신 자를 위해 살게 하려 하심이라"고후5:14-15라는 바로 이 말씀으로 귀결될 것이다.

예수님의 승천과 영광스런 재림에 비추어 성경 전체를 읽는다면 어떻게 될까? 히브리인에게 보낸 놀라운 편지에 유대인이신 예수님의 진리는 모든 시대에 모든 족속에게 해당되는 하나님의 진리이심을 분명히 하고 있다. "하나님께서 아들로 우리에게 말씀하셨으니 이 아들을 만유의 후사로 세우시고 그의 능력의 말씀으로 만물을 붙드시면 높은 곳에 계신 위엄의 우편에 앉으셨느니라."히1:1-3 따라서 교회에서 우리가 예배하는 예수님은 모든 권능을 갖고 계시고, 인류 역사에 최종 목적을 부여하러 오실 그 분이시다.

아테네에 있는 그리스 철학자에게 보낸 메시지에서 바울은 모든 인간의 행위를 심판하러 오실행17:31 즉 재림하실 예수의 관점에서 모든 역사를 해석해야 한다고 주장했다. 그리고 지구상의 모든 만물이 하나님께서 의도하신 방식으로 변화될 하나님의 미래가 시작될 것이다. 그러므로 우리의 삶을 폭력이 아닌 평화에 투자한다면 '검'이 '쟁기'로 바뀌지 않을까? 하나님의 모든 뜻을 성경에 나와 있는 대로 인류역사의 최고조로 말할 수 있는 메시아의 시대라는 관점에서 해석해야 하지 않을까?

결국 예수님의 지파에 속한 우리는 이미 주님의 마음을 따라 살도록 부르심 받은 존재이다. 바로 이것이 예수님의 마음과 생각이 현존하는 교회가 그렇게 매력적으로 보이는 이유다.

우리는 주의 뜻을 분별하고 행한다

성경의 저자들에게 영감을 주었던 그분은 또한 하나님의 뜻을 분별하도록 성경해석의 공동체를 인도하신다. 감사하게도 성령의 도우심으로 그리스도인들은 합의와 만장일치에 이를 수 있다. 1527년에 첫 번째 아나뱁티스트 신자들이 핍박받는 와중에 하나님의 뜻을 구하고자 함께 모였을 때, 스위스와 독일의 경계에 있는 슐라이타임Schleitheim에 함께 모여 7개 조항의 교리를 입안하였다. 그들은 며칠 동안 함께 기도하고 함께 성경을 읽었다. 그 때 성령께서 완전한 일치를 이루게 하셨다. 이 때 만든 7개 조항은 아나뱁티스트와 관련 교회를 연합하는 성경적이고도 신학적인 이론적 기초가 되었다.

하나님의 뜻을 이해하고 행하기 위해 신자들의 공동체는 분변의 과정을 필요로 한다. 우리는 성경말씀에 비추어 예수님께 영광 돌리는 윤리적인 결정을 내리기 위해서 성령이 필요하다. 변화하는 문화 속에서 변화된 남녀의 역할 뿐 아니라, 진보하는 과학과 기술, 지역 경제와 글로벌 경제, 새로운 철학과 정치 이데올로기, 문화적 변화와 다민족이 함께 모여 사는 우리의 삶은 새로운 해답과 윤리적인 결정을 필요로 한다.

악한 것이 어디 있고 선한 것은 또 어디 있는지 명확히 정의내리는 일은 항상 쉽지만은 않다. 어떤 실행예식이 생명의 문화에 속하고, 어떤 예식이 죽음의 문화에 속하는 지 항상 명확한 것은 아니다. 실행예식이나 윤리적 질문과 관련된 명확한 답을 항상 성경에서 찾을 수 있는 것은 아니다. 바로 이 사실이 성경이 교회에게 매고 푸는 권세를 준마16:19 이유이기도 하다. 신자들의 공동체는 성령의 인도하심을 통해 성경말씀에 비추어 윤리적으로 살아가는 방법을 찾도록 부름 받았다. 하나님의 뜻에 복종할 때, 우리는 성경의 의미를 이해하는 법을 더 잘 배우게 된다. 동시대의 세상 속에서 교회의 사명을 분별하기 위해서 우리는 하나님의 뜻을 분별할 필요가 있다. 하나님에게는 이론 보다 실제가 더 중요하다. 이것이 바로 하나님의 뜻을 아는 것이 정행Orthopraxis 곧 올바른 실천으로 연결되어야 하는 이유이다. 올바른 실천은 주의 뜻을 우리가 더 잘 이해할 수 있도록 해준다. 우리가 순종하면 할수록 하나님의 올바른 뜻을 더 잘 이해하게 된다. 스위스의 아나뱁티스트 1세대 중 한 사람이었던 한스 뎅크Hans Denck 는 다음과 같이 말했다. "자신의 삶 속에서 그리스도를 기꺼이 따르려 하지 않으면서 그리스도를 온전히 알 수 있는 사람은 아무도 없다". 순종의 삶은 하나님을 향한 사랑의 표현이다. 순종의 삶은 성경이 말하는 진리의 표현이기도 하다.

콩고에 있는 메노나이트 교회는 급속하게 성장해왔다. 오늘날 1,500개의 회중모임 가운데 20만 명의 회원이 있다. 신학적으로나 목회적으로 역량을 갖춘 한 여성이 그녀가 속한 회중들의 사랑과 존경을 받아 스스로 목회사역을 맡겠다고 선언했다. 이것은 그녀가 속한 메노나이트 형제교회의 전통에서도 찾아볼 수 없던 일이었다. 또한 여성이 공적인 리더십의 직임을 맡는다는 것도 아프리카의 전통과 문화 속에서는 찾기 힘든 일이다. 더욱이 글로벌 공동체 안에 있는 수많은 메노나이트 교회처럼 콩고 메노나이트 교회에는 교회 안의 여성사역에 대해 말해주고 있는 성경구절을 어떻게 해석해야할 지 합의된 내용도 없는 상황이었다. 그러나 협의회conference 리더들은 성령의 음성을 듣고 콩고가 처한 긴급한 목회적 필요성에 대해 응답해주기 원했다.

그 여성은 자신이 속해있는 교회의 목회사역을 감당키 위해 안수 받으려고 초대되었다. 현재 사역을 위한 안수에 대한 메노나이트의 신학적 가르침이 어떠한지는 아직 합의가 이루어지지 않은 상태이다. 어떤 사람들은 우리 모두 섬기기 위해 부름을 받은 자들이고, 목회자와 평신도 사이에 구별이 있는 것이 아니기에 안수는 필수적이지 않다고 생각한다. 그러나 또 어떤 사람들은 안수가 축복을 의미하는 것이고 교회 리더십에 공적인 확증을 하는 것인 동시에 모든 회중들에게 하나님의 부르심을 강화시키는 것이기에 필수적인 것이라고 보기도 한다.

여성의 사역과 목회 안수의식과 같은 주제는 문화적 전통에 의해 지대한 영향을 받는다. 그러나 각각의 이슈는 저마다 신학적인 중요성을 갖는다. 이것이 바로 지역교회와 각 지방회가 신학적이면서도 문맥상의 해결책을 알려주기 위해 각각의 상황과 문화의 조명하심 가운데 주님의 뜻을 분별해야 하는 이유이다.

1. 알프레드Alfred가 언급했던 것처럼 "매우 인간적이라고" 볼 수 있는 성경 구절 3개를 생각해보라.

2. 알프레드가 표현한대로 성경이 얼마나 "신성한" 책인지를 보여주는 성 경구절 3개를 생각해보라.

3. 성경의 저자뿐 만 아니라 성경을 번역하는 사람이나 성경의 경전을 편집 하는 자들도 성령의 인도함을 받는다는 알프레드의 의견에 동의하는가? 성령님이 오늘날에도 성경 번역자들을 계속 인도하고 계시다고 믿고 있 는가?

4. 명확하지 않은 성경말씀을 해석할 때, 그것과 관련된 말씀 중 우리가 이 해하고 있는 말씀을 갖고 해석하라고 하는 알프레드의 말에 대해 어떻게 생각하는가? 우리가 그 의미를 잘 파악할 수 없는 말씀 때문에 곤란을 겪 기 보다는 명확하게 이해하고 있는 한 말씀을 실천하는 일에 집중하라고 하는 조언에 대해서 어떻게 생각하는가?

5. 성경구절의 의미를 찾는 것이 중요한 시점과 반대로 말씀 해석이 불가 능할 때 그것을 겸허히 받아들여야 할 적절한 시점을 어떻게 결정할 수

있나? 우리가 말씀을 완전히 이해할 수 없을 때, 특별히 이성을 상당히 존중하는 사회 분위기 속에 살아갈 때 우리는 어떻게 성경의 권위에 굴복할 수 있나?

6. 우리의 믿음과 윤리를 형성하기 위해 오늘날 삶 가운데 성경의 권위를 발견하고 어떻게 유지하는가?

7. 성경이 교회의 방향을 다시 제시한다면, 우리가 어떻게 하면 이를 확실하게 하게 시행할 수 있도록 도울 수 있는가? 여러분의 교회는 회중이나 공동체의 성서해석을 어떻게 시행하고 있는가? 또한 교회 회중들이 어떻게 해야 성경해석을 더 효율적으로 할 수 있는가?

8. 성경을 너무 지엽적local으로 이해하는 올무에 빠지지 않을 수 있는 방법들을 나누어보라. 성경을 좀 더 세계적인 관점으로 읽을 때 유익을 얻을 수 있는 구체적인 방법들에 대해 나누어 보자.

9. 여러분의 교회에서는 여러분과 자녀들에게 성경을 계속해서 중요하게 여기게 해주는 어떤 새로운 전통을 만들어가고 있는가? 어떻게 하면 성경이 여러분의 회중에 생명력과 힘을 줄 수 있는지 좋은 생각이 있으면

말해보자.

10. 하나님의 뜻에 순종함으로써 성경을 더 잘 이해하게 된다는 것이 사실
이라는 것을 깨달은 적이 있는가? 순종과 이해 사이에 어떤 관계가 있는
가?

11. 어떤 문제가 문화적인 문제인지 아니면 "성경적인 문제"인지 어떻게 올
바로 분별할 수 있는가?

5. 우리는 샬롬을 추구한다

우리는 예수님의 영으로서 삶의 모든 영역 속에서 주님을 신뢰하여 폭
력을 포기하고, 원수를 사랑하며, 정의를 추구하고, 가난한 자들과 우리
의 소유를 나누는 평화건설자로 살아간다.

세상과 구별되기 위해서 우리는 예수의 영의 권능을 필요로 한다

파울루스 위자야Paulus Widjaja뿐만 아니라 엘레노어와 알렌 크라이더
Eleanor and Alan kleider부부는 영국과 인도네시아에 살면서 영향력을 행사할
수 있는 지역 내에서 벌어지는 갈등 상황 속에서 기독교 평화건설을 깊이
성찰하고 실천하는 일에 헌신하였다. 그들은 『평화의 문화 : 교회를 향한
하나님의 비전』이라는 탁월한 책을 공동 저술하였다. 2006년 3월 미국 캘
리포니아, 파사데나에서 열린 메노나이트 세계 협의회 전체 위원회 모임
the Mennonite World Conference General Council meeting에서 세계 각국의 아나뱁티스
트 가족들이 모인 자리에서 그 내용을 발표했다. 이러한 평화 신학을 폭
넓게 내린 정의에 대해서 많은 합의가 이루어졌다. 이 신학은 교회와 예
배, 그리고 가족 간의 상황에도 적용하였으며, 또한 "일터에서 평화"를 찾
고, "전쟁 중에 평화의 문화"를 추구하였다.

아마도 저자들이 내린 가장 놀라운 결론은 평화의 문화가 "복음전도"에

서 시작되어야 하며 언제나 복음과 연결되어 있어야 한다는 것이다. 이것은 예수의 영의 권능이 어떻게 전해지며 받아들여지는지 말해준다. 이것이 바로 초대교회에서 시작된 모든 일의 방식이었다. 베드로가 고넬료를 방문했을 때, 교회는 평화의 문화가 되어야 한다는 하나님의 비전이 현실화되기 시작했다.행10:44-45

그리스도 안에서 하나님께서 일하시고 성령이 활발하게 임재 하였기에 서로 소원해진 사람들 가운데에 평화가 가능하게 되었다.

그렇게 가이사랴에서 베드로는 예수님이 원하셨던 것을 행하고 있었다. 성령의 인도하심을 받아 베드로는 로마인들과 화평을 이루게 된 것이다. 베드로와 고넬료가 속해있던 나라들은 모두 전쟁을 앞세우고 있었다. 하지만 메시아이신 예수님 안에서 이 두 사람은 형제로 함께 서게 되었다.

베드로와 고넬료는 국적을 초월하는 새로운 평화의 사람들로서 핵심적인 존재가 되었다. 미래에, 하나님의 가족은 다문화적이며 다민족적인 multi-ethnic 특성을 가질 것이다. 하나님의 가족은 "하나님을 경외하고 공의를 행하며" 하나님의 용서와 화해의 사역에 열려있는 각 나라의 족속으로부터 나올 것이다. 하나님의 가족들은 원수들을 화해시키며, 용서받지 못한 자들을 용서하고, 모든 나라에 평화의 기쁜 소식을 나눠주는 사명을 공동으로 부여받은 평화의 권속들이다.Kreider, Kreider and Widjaja, 2006년, 16-17쪽

우리는 세상과 구별된 삶을 살기 위해서 모든 삶의 영역을 하나님께 맡겨야 한다

하나님을 무한히 신뢰하는 사람들만이 진정한 평화 건설자가 될 수 있다. 그리스도인들은 집과 교회, 그리고 직장에서 많은 갈등을 경험하며 산다. 평화의 부족은 우선 우리의 사고와 감정에서 발생한다. 이를 성 어거스틴은 "하나님 안에서 평화를 찾기 전까지 우리의 마음은 평화를 누릴 수 없다."는 말로 잘 표현하였다. 우리가 평화를 이루려면 다음의 세 가지 요소가 필요하다.

- 우리의 삶에서 갈등은 정상적인 것이며 피할 수 없는 일임을 인정해야 한다.
- 우리는 하나님이 늘 우리와 동행하신다는 것과 잘 해결된 갈등이 우리의 성장에 도움이 됨을 깨닫고 평화의 삶에 소망을 두어야 한다.
- 우리는 우리 자신의 필요와 상대방의 필요를 하나님께 가져가며 하나님께서 모두에게 알맞은 해결책을 주시도록 기도하는 일에 우리 자신을 헌신해야 한다. 약5:16 Kreider, Kreider, and Widjaja, 2006, 179쪽

평화는 우리가 어떻게 행동하느냐에 달려있다. 우리와 의견이 다른 사람들에게 직접 찾아가는 것이 필요하다.마 18:15-20 우리는 뒷담화를 하면서 다른 사람들을 비판해서는 절대 안 된다. 또한 다른 사람이 한 일을 일일이 지적하는 대신에 우리 자신의 몫을 인정하는 겸손의 영을 가져야 한다.갈6:1-5 듣기는 빨리하고, 판단은 느리게 함으로써 도움을 얻을 수 있

다. 양쪽이 공동의 해결을 위해 기꺼이 협상하고 협력해야 한다.

평화는 우리가 어떠한 삶의 태도를 취하는지에 달려있다. 그 어떠한 것도 우리의 근본인 그리스도와 그의 끊임없는 사랑으로부터 우리를 멀어지게 할 수 없다. 때때로 능숙하고 은사가 있는 중재인이 갈등 상황에 있는 양측 모두에게 도움을 줄 수 있다. 대부분은 믿음의 공동체 자체가 스스로 갈등을 해결하고 관계를 회복한다. 이러한 일은 지방 혹은 세계적인 공동체뿐만 아니라 지역 공동체에서 일어난다. 성경은 우리에게 갈등을 풀기 위해서는 세상의 법정보다 그리스도의 몸인 교회를 더욱더 신뢰하라고 말하고 있다. 고전6:1-6

미국 캘리포니아 주, 프레즈노Fresno의 한 거리는 북아메리카를 통틀어 가장 폭력이 난무하는 곳이다. 메노나이트 집사들과 신학대학원 학생들이 이곳의 공립학교에 중재 프로그램을 실행하고, 지역 경찰들을 도와 함께 일함으로써 약간의 희망이 보이기 시작했다. 이 일을 계기로 도시 전체는 교회가 갈등을 변화시키고 평화를 세우는 실제 기술과 실천에 관해 배우기 시작했다.

평화를 만드는 일은 축복받은 임무이다

예수님은 팔복 중 하나로 우리에게 "평화를 만드는 임무"를 부여하셨다. 예수님은 세상이 이 복된 일을 하는 사람들을 "하나님의 자녀"라고 부를 것이라고 말씀하셨다. 유대인들에게 보낸 편지인 히브리서에서는 성화가 평화를 만드는 일과 연결되어 있다고 언급하면서 화평함과 거룩함

이 없이는 하나님을 볼 수 없다고 기술하고 있다.^{히12:14}

리카르도 에스키비아는 콜롬비아의 나병환자들의 자녀들을 키워주는 메노나이트 고아원에서 자랐났다. 그는 변호사가 되어 콜롬비아 무장혁명군FARC과 정부 사이에 존재하는 폭력적 갈등을 중재하는 중요한 중재자가 되었다. 리카르도는 그리스도께서 우리를 "평화건설자"가 되도록 하셨다고 확신한다. 그는 콜롬비아의 교회들에게는 물론이고 세계 각국의 아나뱁티스트 가족에게 그들의 교회를 "평화의 성소"로 만들어 보라고 강조했다. 바로 이 평화의 성소에서 핍박받고 지친 자들이 와서 평화를 위해 다함께 기도하고 협력할 수 있는 쉼터를 찾고 안식을 얻게 되기 때문이다.

평화를 위해 함께 협동하다 보면 종종 갈등을 겪는 양측 모두의 반감을 사기도 한다. 이것이 바로 우리가 하나님에 대한 무한한 신뢰와 의지가 없으면 이 일을 하지 못하는 이유다. 평화건설은 믿음의 행위이다. 인생에 있어서 우리는 이 일이 얼마나 축복받은 일인지 잘 알지 못한다. 그러나 예수님께서 이 일을 할 권리를 부여하셨으며, 이 일을 축복하셨다는 사실을 신뢰할 때, 우리는 이 임무에 신실하고자 노력할 것이다.

1984년 프랑스 스트라스부르그에서 열린 메노나이트 세계총회에서 로날드 사이더 가 참석자들에게 크리스천 평화건설팀Christian Peacemaker Teams을 만들도록 도전했다. 그때부터, 몇몇 팀들은 이라크와 팔레스타인, 중앙아메리카, 아일랜드 등 갈등이 많은 나라에 파견되어 교회와 그리스도의 이름으로 평화건설의 임무를 수행하였다.

16세기에 박해를 받았던 더크 윌렘스는 자신을 추격하던 고문관이 반쯤 언 강에 빠지자 뒤로 돌아가 그를 구해주었다. 더크의 결정은 즉각적이었다. 우리가 말하는 평화에 대한 본능 혹은 반사신경이 무엇인지 기발했던 것이다. 자신을 고문했던 사람을 구해냈을 때 초래된 위험성에 직면했던 그는 도망가지 않았다. 그러한 반응은 예수님과 늘 동행하였던 그의 삶과, 함께 믿음 생활을 하는 신자들의 공동체로 인한 것이었다.

평화건설자가 되는 것이 하나의 습관이자, 그리스도인의 덕이자, 평화 문화의 한 부분이 되도록 해야만 한다.

폭력을 거절하지 않는 평화는 없다

우리가 폭력을 포기하려면 예수님의 영으로 권능을 받아야 한다. 위대한 스위스 신학자 칼 바르트Karl Barth는 20세기 아나뱁티스트 신학을 혁신하는 데 상당한 활력을 불어넣어 주었다. 냉전 시대 동안 그는 평화 유지를 위해 무기를 맹신하는 것에 대한 비판의 글을 쓰고 연설을 하였다. 긴 인생동안 11개의 명예로운 박사학위를 받았지만 그것들을 결코 천국에 가지고 가지 않을 것이라고 밝히며 그는 "인생에서 내가 이루고 싶었던 것은 오직 예수님을 예루살렘으로 태우고 갔던 나귀가 되는 것"이라고 결론 내린다. 기자들이 그에게 신학공부를 하면서 가장 큰 신학적인 발견이 무엇이냐고 물었을 때, 그는 "예수 사랑하심은 거룩하신 말일세. 우리들은 약하나 예수 권세 많도다"라는 주일학교 찬송으로 답하였다.

우리가 예수님으로부터 사랑을 받고 있다는 것을 알기 때문에, 다른 사람을 향한 폭력을 기꺼이 포기할 수 있도록 충분히 준비시켜야 한다. 그리스도인의 윤리는 결코 예수에게만 적용되는 것이 되어서는 안 된다. 만약 교회가 그리스도의 몸이라면, 이 몸의 윤리는 교회의 머리 역할을 하시는 예수님의 윤리와 절대 다를 수 없다. 이것이 바로 아나뱁티스트 메노나이트 신학이 우리 삶의 전 영역과 우리가 어떻게 행동할 지 선택하는 모든 문제 가운데 예수의 윤리를 추구하는 이유이다.

우리 신학은 예수님의 윤리와 교회로서 우리가 갖고 있는 윤리가 훌륭한 공공 윤리라고 확신한다. 아직 예수님을 따르기로 결심하지 않은 사람도 모두 예수님의 윤리를 따라 살 때, 유익을 얻을 수 있다. 어떤 사회든지 그리스도를 고백하지 않는다 하더라도 그리스도의 윤리 지침을 따르면 큰 유익을 얻을 수 있다. 예수님이 자신을 "길이요, 진리요, 생명이니"라고 하셨을 때, 기독교인과 비기독교인들 모두가 실행할만한 참된 윤리에 대해 말씀하신 것이다.

인간의 폭력성은 다양한 형태로 나타난다. 가장 최악의 형태로 나타나는 것 중 하나가 자신이 믿는 종교를 다른 사람에게 믿으라고 강요하면서, 육체적으로나 사회적, 감정적으로 압박을 가하는 종교적 폭력이다. 언어폭력 또한 비난 받아야 하는 데, 왜냐하면 상처를 주는 말들이 타인의 명예를 훼손denigration하고 존재 가치를 파괴하기 때문이다. 이것은 결혼 생활이나 가족 관계에서 자주 나타나는 폭력의 양상이다. 성적인 폭력이나 가족 내에서 발생되는 모든 폭력은 예수님의 영과 양립할 수 없다. 폭력을 거부하는 것은 필수적이다.

인류 역사를 살펴보면, 부자들이 가난한 사람들을 향해 너무나도 많은 폭력을 행사한 것을 알 수 있다. 그리고 사회적 약자들은 이에 대해 너무나 자주 폭력으로 맞대응 해왔다. 오늘날 우리는 세계시장경제가 약한 사회에 대해 엄청난 폭력을 행사하고 있음을 본다. 손에 손을 맞잡고 진행된 세계화는 문화적인 요소들을 빙자한 속임수이다. 경제적인 권력을 통해, 결과적으로 그들은 상대적으로 힘이 미약한 소수들의 문화적 전통이나 가치를 잠식시킬 수 있기 때문이다. 내용이 폭력적이고, 상술이 공격적이고 폭력적일 때 미디어 자체가 폭력을 조장하게 되기 때문이다.

가장 개탄스러운 폭력은 계속해서 타인을 향해 무기를 사용하는 것이다. 경찰들은 폭력을 사용하지 않고서 자신의 과업을 어떻게 수행해야할지 모르는 경우가 종종 있다. 권위적인 정치구조 안에서는 권력을 유지하기 위해서 종종 고문과 폭력의 방법을 사용하게 된다. 윤리적이고도 종교적인 갈등을 해결하기 위해 무력에 근거한 해결책을 찾으려 한다. 좌절감을 겪은 소수 계층의 사람들은 테러리즘을 선택한다. 경제적, 정치적으로 이해관계는 최악의 결과인 전쟁의 원인이 된다.

이러한 모든 형태의 폭력은 절대로 신의 승인을 받은 것이라 할 수 없다. 이러한 폭력은 예수님의 영을 부인하는 것이다. 어떠한 나라, 특정 민족 집단, 특정 종교운동이나 정치운동이 하나님의 이름을 앞세워 예수님과 평화를 이루는 것처럼 가장하면서 인간을 향해 무기를 내세우는 것은 허용될 수 없다. 우리는 그러한 태도를 "그리스도인이 되기 이전"에 속한 것이라 믿는다. 예수님은 명백히 "또 네 이웃을 사랑하고 네 원수를 미워하라 한다는 것을 너희가 들었으나 나는 너희에게 이르노니 너희 원수를 사랑하며 너희를 박해하는 자를 위하여 기도하라"마5:43고 밝히셨다.

우리가 조건 없이 원수를 사랑하지 않는 한 평화는 없다

원수를 사랑하기 위해서 우리는 예수님의 영이 필요하다. 구이다이-고소드Guidai-Gosode족은 매우 호전적인 아요리오족이다. 볼리비아와 파라과이의 차코 지역에 살고 있는 그들은 볼리비아의 수풀지역에서 선포된 기독교의 구원에 대한 복음을 전한 북미선교사들에게 고마운 마음을 갖고 있다. 그러나 그들은 원수를 사랑하라고 한 예수님의 명령에 대해서는 전혀 듣지 못했다.

신약전서를 전해 받고 읽고 난 뒤 구이다이-고소드 부족의 한 사람이 예수님의 산상수훈을 발견하였다. 1980년대에 그는 파라과이의 중심부 차코에 살고 있는 그의 친척집을 방문하여 자신이 발견한 것에 대해 이야기 나누었다. 그의 이야기를 들은 사람들은 "만약 예수님이 우리로 하여금 원수를 사랑하도록 하신다면 자신의 부족이 아닌 사람들에게 매우 적대적인 부족이면서 우리가 많이 사살했던 토토비-고소드 부족Totobie-Gosode 아요리오 지역에 살고 있는 다른 부족에게 먼저 다가가야 한다"고 말했다. 그들은 조그만한 비행기를 빌려 그들의 오래된 원수를 찾기 시작했다. 공중에서 토토비-고소드 부족의 위치를 파악한 후, 땅으로 내려가 수풀을 헤치고 오랫동안 걷는 것을 감수하고서라도 그들을 직접 만나기로 결심했다.

"무기를 사용하지 맙시다" 지도자가 말했다. "우리는 그들 중 많은 사람을 죽였고, 우리가 예수님의 사랑을 원수들에게 보여주어야 하고 평화를 위해 왔다는 것을 알려주려면 우리의 목숨을 바쳐야 할 수도 있습니다". 처음 토토비-고소드 부족과 접촉했을 때 그들의 반응은 굉장히 폭력적이었다. 토토비-고소드 부족은 평화사절단으로 온 구이다이-고소드 사람 5명을 죽이고, 4명에게 심각한 부상을 입혔다. 그러나 구이다이-고소드 사람들이 완전히 비폭력적인 대응을 하는 것을 보고 사살을 멈추었고, 함께 평화를 찾도록 노력했다. 그리고 토토비-고소드 부족은 구이다이-고소드 마을을 방문해, 한때 원수였던 부족과 함께 살아가는 법을 배우게 되었다.

원수를 사랑하는 것은 크리스천이 받은 가장 혁명적인 메시지이다. 한편 교회가 많은 실패와 죄성을 경험하는 부분이기도 하다. 사적인 이해관계가 너무나도 쉽게 원수 사랑의 자리를 대신한다. 침해된 존엄성을 회복하기 위한 노력과 자긍심이 영향력을 행사한다. 너무나 자주 국가의 정체성이 그리스도인으로서의 정체성보다 더 강하게 드러난다. 그리고 너무나 쉽게 특정 교파에 대한 열정이 기독교 일치를 방해한다.

우리는 물질적, 문화적, 지적인 소유물들에 집착한다. 우리는 우리가 소유하고 있는 것을 지키기 원하며, 이에 대해 질문하는 사람을 공격하고, 미워하고, 경멸한다. 우리는 다른 사람이 우리보다 더 성공하고 유명하며 더 많은 권력이 있다고 느낄 때 굉장히 겸손해진다. 남들이 우리를 비판하고 공격하며 조롱할 때, 우리는 안전함과 자존감을 잃는다. 예수님이 원수를 사랑하도록 하시는 영의 힘을 받지 않고서는 원수를 사랑할 수 없다.

원수를 사랑하려면 작은 것부터 실천하는 것이 좋다. 우리의 마음속에서 비롯되는 생각과 감정들이 우리의 평화를 앗아갈 수 있다. 우리는 정신적인 측면과 감정적인 측면에서 건강해야한다. 그러므로 당신의 정신 상태에 늘 경각심을 가져라. 마음의 상태에 늘 주의를 기울여라! 만약 원수가 당신의 마음에 생각을 심어놓으면, 얼른 그러한 생각을 제거해야 한다. 이러한 원수는 믿음의 공동체 내에 있는 멤버일 수 도 있다. "시기와 다툼이 있는 곳에는 혼란과 모든 악한 일이 있음이라."약 3: 16 우리의 기억에 존재하는 원수에 대한 이미지는 모두 다 지워야 한다. 마음에 쓴 뿌리가 슬슬 생기기 시작한다면 그것을 모두 뿌리 뽑는 것이 중요하다. 그 쓴 뿌리가 부당한 대우를 받아서 생긴 경우라 하더라도 마찬가지다. 필요하다면 쓴 뿌리를 제거하기 위해 전문가나 공동체의 도움을 받을 필요가 있다. 어떤 경우든, 성경은 가장 기초적인 것을 강조한다. "너희는 하나님의 은혜에 이르지 못하는 자가 없도록 하고 또 쓴 뿌리가 나서 괴롭게 하여 많은 사람이 이로 말미암아 더럽게 되지 않게 하며."히12:15

정의를 추구하지 않으면 평화는 지속되지 않는다

하나님께서 인정하시는 정의를 위해서 사리사욕 없이 일하기 위해 우리는 예수님의 영의 충만한 능력을 필요로 한다. 우리가 폭력을 피하고 원수를 사랑하는 것을 배우게 된다 하더라도, 정의를 추구하는 것을 포기해서는 안 된다.

교회는 그리스도인들의 개인적인 이익 추구나 특권을 위해 일하는 것이 아니고, 정의를 위해 싸운다. 교회가 정의를 위해 싸워야 하는 이유는 불의가 "어둠의 왕이 주관하는 구시대"에 속해 있기 때문이다. 정의는 "평화의 왕이 통치하는 새로운 시대"에 속해 있는 것이다.

정의는 영적이나 사회적인 갈등 상황에서 우리를 보호해 주는 "의의 호심경"이 된다.엡6:14 이와 함께 "진리의 허리띠"를 둘렀을 때, 정의는 우리로 하여금 "견고하게 하고 굳건히 서게 한다." 또한 "평안의 복음이 준비한 것으로 신을 신을 때" 엡6:15 하나님 나라의 핵심인 진리와 정의, 그리고 평화를 증진시키는 일이 된다.

팔복에서 예수님이 "화평케 하는 자"peacemaker와 "의를 위해 핍박받는 자"마5:9-10 를 함께 명명하셨던 것은 매우 중요하다. 성경적인 정의는 하나님의 의로우심으로부터 발현하는 것이며, 경제적이고 사회적이고 더 나아가 형법적 차원으로까지 연결된다.

예수님의 구속 사역은 우리를 의롭게 만든다. 바울이 로마서에서 중점적으로 논했던 부분이기도 하다. 이것은 로마서를 루터가 읽고 16세기의 거대한 운동을 촉발시킨 바로 그 성경적인 진리이다. 정의는 하나님의 의가 그리스도인과 교회의 삶을 통해 분명히 드러나야 한다는 주장과 더불어 아나뱁티스트 개혁의 핵심이기도 하다.

"하나님이 인정하는 정의란" 무엇을 의미하는 것일까? 그것은 "믿음에 의해 혹은 믿음을 통한" 정의로 의인을 살게 하는 것이다.롬1:17 이것은 간

단하기도 하면서 심오하기도 하다. 하나님은 우리를 의롭다고 선포하시고 또한 의롭게 만드신다. 이 두 가지는 우리를 구원하는 동일한 믿음을 통해 가능한데, 믿음은 신뢰를 의미하는 동시에 순종을 의미하기 때문이다. 이 두 가지는 우리가 예수님과의 관계에서 예수님을 의지할 때 가능하다.

그리스도는 우리의 모든 죄를 용서하시고 모든 정죄함으로부터 우리를 구원하심으로 말미암아 우리를 하나님 앞에서 의롭게 하신다. 그리스도는 또한 우리의 윤리가 주님을 순종하고, 의지하고, 신뢰하는 삶으로 전환되도록 도와주신다.

구원은 그리스도와의 관계이다. 이는 구원의 본질이다. 정의를 부여 받는 것과 정의를 깨닫는 두 가지 차원은 절대로 분리될 수 없다. 만약 누군가가 이 둘 사이를 멀어지게 한다면, 한쪽 사람들은 완벽주의의 오류에 빠지게 되고, 다른 쪽 사람들은 도덕적인 무관심 상태에 빠지게 될 것이다. 이것이 바로 메노나이트 교회들이 예수님 안에서 구원을 발견했다는 것을 사람들이 나눌 때, 비로소 기뻐하는 이유이다. 그러나 메노나이트 교회는 대개 "구원의 증거와 열매"가 이러한 고백을 삶 속에서 발견되기까지 새로운 신자들에게 세례를 베풀기 전 충분한 기다림의 시간을 갖는다. 예수님께 순종하는 삶의 형태 뿐 만 아니라, 전에 저질렀던 불의들이 원상회복되는 삶의 변화는 믿음의 권속으로 통합되는 가시적인 행위인 물세례로 인도되는 표징이다.

평화건설자들에 대한 예언적 메시지는 다른 사람에게 의를 요청하는 것을 포함한다. 하나님의 나라는 의의 나라이다. 그러기에 우리는 다른 어떤 것보다도 하나님 나라의 의를 먼저 구해야한다.^{마6:33} 그러나 우리는 우리의 힘으로 의를 행할 수 없다. 마찬가지로 교회 또한 하나님 나라의 정의를 우리 사회 안에 심기 위해서 필요한 정치적인 권력을 갖고 있지 못하다. 더 나아가 교회는 예수님의 성령과 양립할 수 없는 권력을 갈망해서는 안 된다. 하지만 예수님을 따르는 제자로서 살겠다는 중대한 결단을 한다면, 우리는 개인별로나 공동체 내에서 의를 위해 고군분투하며 의를 추구해야 할 것이다. 이러한 분투는 한 사람의 개인 관심사 대신에 원수를 사랑하라는 요구에 따르도록 요청한다. 증거하고 선포하는 것이 곧 분투가 된다.

정치적인 이데올로기도, 세속적인 인문주의도 이런 노력을 조장하지 않지만, 예수님의 음성이 선포되고 그의 몸인 교회가 말씀대로 산다면 세상 가운데서 분명하게 보여 지는 존재로서 노력이 열매를 맺을 것이다. 바울이 벨릭스 총독을 대면했을 때, 이러한 모습이 드러났다. "바울이 의와 절제와 장차 오는 심판을 강론하니 벨릭스가 두려워하여 대답하였다."^{행24:25} 그러나 교회는 더욱더 큰 목표를 지향한다. 교회는 그들이 속한 공동체의 중심에서 정의를 실천하는 모범으로 살아가야 한다. 교회가 취하는 태도나 행동이 전체 사회 속에서 점점 퍼져나가는 영향력을 가져야 한다. 예수님은 그의 제자들을 "세상의 빛"이라고 부르셨고, 또 "이와 같이 너희 빛이 사람 앞에 비치게 하여 그들로 너희 행실을 보고 하늘에 계신 너희 아버지께 영광을 돌리게 하라"^{마5:16} 고 가르치셨다.

산토도밍고에 있는 라틴 아메리카 신학 협의회Latin American Theological Fraternity :FTL에서 함께 모임을 가진 적이 있었다. 영국에서 온 피오나Fiona 는 영국 교회 출신으로 그 모임을 참석했다. 그녀는 우리에게 "미가의 도전"이라는 제목으로 말씀을 전했다. 미가 선지자의 말씀에미 6:8 근거하여, 그녀는 모든 교회가 "정의를 행하며 인자를 사랑하며 겸손하게 하나님과 함께 행하는 일"에 우선순위를 두도록 촉구하면서 세계적인 운동에 동참하도록 우리 모두를 초청하였다.

얼마 후에, 동시대 세계 기독교 선교에 있어서 가장 큰 규모의 회의인 로잔회의Lausanne Ⅲ가 태국 방콕에서 열렸다. 브라질의 쿠리티바에서 온 월드비전의 회장 밸디르 스튜르나겔이 기조연설을 하였다. 그 주제 또한 "미가의 도전"이었다. 의와 자비와 겸손에 초점을 맞추는 교회가 되어야 한다는 그의 메시지는 100개국이 넘는 나라에서 온 각 교회의 대사들에게 엄청난 영향을 끼쳤다. 스위스 교회 동맹으로부터 향후 몇 년 동안 교회에서 행할 프로그램에 미가의 가르침을 적용하기로 했다는 소식을 들었을 때, 우리는 얼마나 기뻤는지 모른다. 겸손과 자비 그리고 하나님으로부터 오는 정의는 평화를 지속하는 데 있어서 가장 기본적인 구성요소이다.

평화라는 기독교 문화는 우리의 소유를 나누게 한다

한 가지 중요한 사건이 세계에 흩어져 있는 아나뱁티스트 가족 안에서 일어났다. 콩고에서 온 파키사 쉬미카와 미국에서 온 팀 린드가 함께 은사를 발견하는 것을 돕고 세계 다른 나라의 교회들에게 그 은사를 나누도록 격려하는 가운데 세계 곳곳의 교회들을 방문하였다. 이러한 경험을 토대로 그들이 쓴 『세계 각국의 믿음의 가족 안에서 은사 나누기』라는 책에서, 그들은 예수님을 통한 창조로부터 오순절까지 삼위일체 하나님은 은사를 나눠 주시는 하나님이심을 우리에게 상기시켜주었다. 교회는 동일한 성령께서 많은 은사를 나누어 주시며 결국 우리가 한 덩어리의 떡을 함께 나누는 한 가족이다. 우리는 나누기 위해 이러한 은사를 받는 것이고, 그렇게 나눔으로써 우리는 전 세계의 믿음의 가족으로서 풍성한 삶을 누리게 된다. Tshimika and Lind, 2003, p23-69

하지만 쉬미카와 린든는 은사를 나눌 때 겪을 수 있는 장애물에 대해서도 언급한다. 즉 불평등한 소통, 경제적 차이, 관리 능력의 부족, 의사결정의 권력집중, 넓은 시야의 부재, 문화적, 인종적, 신학적인 차이에 대한 두려움, 어떤 한 은사가 다른 은사에 비해 더 가치 있을 것이라고 보는 관점, 욕심 등이다.p.72-84

책의 마지막에서 그들은 모든 신자들에게 "하나님을 향해 부요하라"라고 주장한다. "가끔 교회가 실제적으로나 비유적인 의미에서 부를 쌓아 올리는 창고—곧 인간의 자원을 모으고, 축적하는 장소—처럼 보일 수도 있고, 가끔은 엄청나게 큰 '곳간' 처럼 보일 때도 있다. 예수님은 각자의 은사를 나누지 않고 혼자 간직하고 있는 것과 "하나님을 향해 부요한 것"을 대비하셨다. 교회가 하나님 향해 부요하려면, 교회의 청지기적 임무 아래 은사들이 제대로 사용되어져야 한다.

글로벌 커뮤니케이션과 글로벌 네트워크 시대에 사는 우리는 "소유를 나누는 것"이 무슨 의미인지를 배우는 데 있어 아직도 시작단계에 있는지 모른다. 성경 어디에서도 우리의 사적인 재산권을 폐지하라고 말하고 있지는 않다. 하지만, 초대 교회 교인들은 자신의 소유물을 "내 것이 아닌 것처럼" 다뤘다. 그리고 예수님은 젊은 관원에게 모든 재산을 팔아야만 한다고 말씀하셨다. 게다가, 고대 이스라엘에서는 7년 마다 땅에 대한 동등한 권리를 회복하도록 전체 공동체에 요구한 희년 제도가 있었다.

신실한 회중은 풍족한 사람들 뿐 아니라, 궁핍한 자들에게 민감하게 반응할 것이다. 믿음을 가진 지구촌 가족으로서 우리는 적도를 기준으로 북쪽에 있는 나라들은 풍요 속에서 사는 반면 남반구의 많은 나라들은 물질적인 것의 결핍이 극심하다는 것을 한번쯤은 뼈아프게 인지하고 산다. 이러한 상황은 역사적으로나 현재적으로 형성된 상업, 권력, 기술 이전, 외채 운영의 구조의 불의에 기인한다. 메노나이트 세계 협의회에서는 불공평한 세상 속에서 조금이나마 성경적인 정의를 구현하는 방법으로 세계 각국의 교회에게 나누는 기금Global Church Sharing Fund을 마련하고 있다.

1. 당신이 확신하고 있는 복음 전도와 평화 사이에 어떤 연관성이 있는지 설명해보라.

2. 고넬료의 이야기에서^{행10장} 이러한 연관성이 어떻게 나타나는지를 만족할 정도로 설명해보라.

3. 민족적, 문화적, 종교적, 역사적, 혈통적으로 완전히 다른 사람을 교회가 품을 수 있다고 생각하는가? 그것이 어떻게 가능한가?

4. 그리스도인이 실제 상황에서 갈등에 직면했을 때나 갈등 상황에 있었던 상대방과 마주쳤을 때 오는 공포나 안 좋은 기억들을 어떻게 다룰 것인가? 진정한 평화건설자가 되기 위해 우리가 거쳐야하는 단계는 무엇인가? 어떻게 해야 진정한 평화건설이 본능적인 것이 되고 반사적으로 자리 잡을 수 있을까?

5. 예수님께서 자신을 "길이요, 진리요, 생명이니" 라고 하셨을 때, 어떻게 윤리적인 선언이 되었는지 설명해 보라.

6. 차코 부족에 속한 두 부족 이야기 중 어떤 부분이 가장 인상 깊었는가?

7. 우리의 평화와 일치를 좀 먹는 사적인 관심사, 욕심과 자만심, 소유욕, 침해된 존엄성을 어떻게 막을 것인가? 어떻게 이러한 쓴 뿌리들이 우리 삶에 자리하지 않도록 할 수 있을까?

8. 교회가 불의를 근절하기 위해 어떻게 결정을 내릴 수 있는가? 교인들이 함께 고쳐나가야 할 구체적인 불의는 어떤 것이 있겠는가?

9. 우리가 어떻게 의롭게 되고, 또 어떻게 의롭게 살 수 있는지 지침을 준 뉴 펠트의 간단하면서도 심오한 설명이 무엇이었는가? 당신은 이것을 사실로 믿는가? 이러한 사건들을 목격한 적이 있는가?

10. "우리에게 주어진 의"란 무엇인가? "깨닫게 된 의"는 무엇인가? 둘 중 하나가 부재할 때의 위험성에 대해 논해보라.

11. 당신이 속한 교회가 공동체 안에서 구체적으로 정의를 실현한 모범적인 예가 있다면 무엇인가?

12. 당신이 속한 교회의 구성원들이 자신의 소유물을 "자기 것이 아닌 것처럼" 다루었던 구체적인 예를 생각해보라.

6. 우리는 함께 예배하고 함께 기념한다

우리는 상호책임의 정신 아래 함께 예배하고, 주님의 만찬을 기념하고,
하나님의 말씀을 듣기 위해 정기적으로 모인다.

우리 그리스도인의 공동체는 모이기를 사모한다

우리가 함께 모이는 것은 하나님께서 우리의 필요를 채워주시기 때문
이다. 그런데 왜 우리가 함께 모이며, 왜 대부분 일요일에 모임을 갖는가?
우리가 일요일에 모이는 이유는 그 날이 그리스도께서 부활하신 날이기
때문이다. 그래서 교회는 다시 사신 그리스도의 임재하심 가운데 이 날을
기념한다.

그러나 교회의 구성원인 우리들이 주님께 무엇인가를 드리기에 앞서,
하나님 자신이 "예배service" 가운데서 우리를 섬기기serve 원하신다. 우리
에게 필요한 많은 것들 가운데 무조건적인 수용, 죄의 용서, 치유, 새로운
위엄, 슬픔에 대한 위로, 걱정으로부터의 자유, 오래된 우정과 새로운 우
정 뿐 만아니라 하나님 자신이 갖고 계신 우정, 소속감, 그리고 크고, 선
하며, 영원한 목표에 참여하도록 불러주시는 소명 등 오직 주님만이 주실
수 있는 것들이 존재한다.

우리는 하나님을 예배하기 위해 모인다. 진정한 예배는 우리의 참여를

요구한다. 우리가 예배에 참여할 때 비로소 모든 것이 진실해지고, 확실해지고, 또 유익해진다. 우리가 하나님을 예배하는 방법은 다양하다. 모든 것은 그분의 은혜에 대한 응답이자 결과물이다. 우리는 시간, 은사, 물질 그리고 우리가 주님께 드릴 수 있는 사랑의 크기 안에서 하나님을 예배한다. 바울은 이런 행위를 "우리 몸을 산 제물로 드리는 것" 또는 "영적 예배"롬12:1라고 표현하였다. 또한 우리가 거짓 우상을 버리고 포기함으로써 하나님을 섬긴다. 우리가 그분의 놀라운 성품과 역사 속에 드러난 그분의 위대한 행적을 찬양함으로써 하나님을 예배한다.

우리는 함께 섬김으로 세상으로 나아간다. 하나님께서는 우리가 인류와 창조 세계를 섬기는 모습을 통해 예배받기 원하신다. 야고보는 "정결하고 더러움이 없는 경건"은 "고아들과 과부를 그 환난 중에 돌보고 또 자기를 지켜 세속에 물들지 아니하는 것"이라고 명확하게 설명한다.약1:27 예수님은 우리가 "형제 중 지극히 작은 자 하나"를 섬길 때, 그것이 바로 예수님을 섬기는 것이라고 친히 말씀하셨다.마25:40 우리는 세상 사람들의 물질적 필요를 채우는 것으로 그들을 섬기며, 또한 그들의 영적인 필요를 채우기 위해서 증인된 삶을 살아야 한다. 다른 사람을 섬기는 것은 모든 사람들을 사랑하라고 말씀하셨던 예수님의 명령이기도 한다. 그리스도를 통한 구원을 증거하는 것은 모든 족속을 제자로 삼으라고 하신 주님의 위임 명령 중 하나이다. 믿음의 공동체 안에서 갖는 정기적인 만남을 통해 우리는 이 두 가지 섬김을 모두 실천할 수 있다.

예배는 그리스도인들이 모이는 가장 중요한 이유이다

예배는 기도하는 방식이다. 모세의 율법은 진정한 하나님이 아닌 것을 경배하지 말도록 엄금했다. "위로 하늘에 있는 것이나 아래로 땅에 있는 것이나 땅 아래 물속에 있는 것의 어떤 형상도 만들지 말며 그것들에 절하지 말며 그것들을 섬기지 말라."출20:4-5 그리고 요한계시록은 우리에게 정치적이나 국가적인 권력을 경배하여서는 안 된다고 말한다. "누가 이 짐승과 같으냐? 누가 능히 이와 더불어 싸우리요."계13:4

하지만 하나님께서는 교회들이 예배하고 중보 할 때 놀랍게 일하신다. 사도들이 투옥되고 예수님에 대해 설교하는 것은 금지되었다. 이 소식이 신자들에게 알려지자 교회는 "대주재여 천지와 바다와 그 가운데 만물을 지으신 이시여…주여 이제도 그들의 위협함을 굽어보시고 또 종들로 하여금 담대히 하나님의 말씀을 전하게"행4:24,29 해달라는 기도를 드렸다. 경배의 기도는 하나님과 우리와의 관계를 변화시킨다. 또한 중보의 기도는 우리와 이웃과의 관계를 변화시킨다.

예배는 거룩해지는 태도를 말한다. 우리는 조건 없이 우리자신을 하나님께 내어드릴 때 예배 속에서 하나님을 섬기는 우리 자신을 보게 된다. 진정한 경배에는 두 가지 측면이 있다. 진정한 예배를 통해 우리는 성스러운 영역과 세속적인 영역을 나누지 않는 방식으로 우리 삶을 성화시키려고 한다. 또한 진정한 예배를 통해 우리는 하나님과의 언약을 갱신한다. 우리가 세례식을 통해 공식적으로 소통하려는 것과, 매번 시행하는 주님의 성찬식에서 기념하고자 하는 것도 역시 우리가 주님께 신실해지고자 하는 열망의 표현과 헌신인 진실한 예배다.

예배는 날아갈 것 같은 기쁨의 태도를 말한다. 그러나 어떻게 기쁨을 표출해야 하나님을 제대로 경배하는 것일까? 하나님을 제대로 경배하기 위해 아마 우리가 가진 창의력을 총동원해야 할 것이다. 날아갈 듯이 강렬한 기쁨이란 "당신은 위대하고, 최고이고, 특별해요!"라고 하나님께 말하는 것을 의미한다. 성경에 나오는 남녀들은 주님을 기쁘게 하기 위해 음악, 찬송, 춤, 시, 이야기, 연극, 장식, 축하, 건축, 옷, 멋진 음식, 십일조 등과 같이 그들의 예술적인 재능과 능력을 총동원하였다. "감사로 하나님께 제사를 드리며 지존하신 이에게 서원을 갚으며"시 50:14 하나님을 찬양하였다.

주의 성찬을 기념하는 것과 세례는 강렬한 체험이다

처음부터 아나뱁티스트 교회들은 성례전을 "예수님께서 실행하신 예식"이지만 이를 상징적으로 이해했다. 그들은 이러한 기념의식이 갖고 있는 놀라운 능력을 무시하기 원치 않았다. 사실상 그들은 이러한 기념의식의 의미를 더욱 강화시키기 원했다. 비록 그들이 16세기의 개혁의 한 부분으로서 죄를 고백하고, 아픈 자에게 기름을 붓고, 사역자를 안수하여 세우고, 혼인 서약을 하며, 아이들을 축복하는 것을 관행으로 했음에도 불구하고 그들은 이런 행위를 공식적인 성례전으로 인식하지 않았다. 그들은 세례식과 성찬식을 그저 신성한 은혜를 실제적으로 경험하게 해주는 주님과 소통할 수 있는 눈에 보이는 수단이라고 믿었다.

우리가 3과에서 살펴보았듯이 물 세례식은 최소 5가지 메시지를 내재하고 있다. 성령을 받는 것, 죽었다가 그리스도와 함께 다시 사는 것, 죄를 씻어내는 것, 그리스의 몸인 교회에 연합되는 것, 하나님과 교회 앞에서 신실하게 살아갈 것을 공식적으로 언약하는 것이다.

성찬식은 서로를 받아들이고 성도들 간의 화해를 기념하는 축하의식이다. 예수님은 성찬식을 새 언약의 상징으로 만드셨다.^{눅22:20} 예수님은 만찬을 베푸는 상에서 빵과 포도주를 나누며 제자들과 함께 그것을 기념하였다. 이것은 신뢰할만하지 않으나 그리스도를 따르는 우리나 제자들을 사용하셔서 하나님 나라를 확장시키려는 하나님의 수용과 결정을 상징적으로 드러낸 예수님의 방법이었다.

우리의 죄에도 불구하고, 용서하신다는 한 가지 이유만으로 하나님께서 우리를 받아들여 주신 것이다. 예수님께서는 자신의 생명을 내어 주시고 피를 흘리심으로 우리를 향한 주님의 용서와 수용을 보여주셨다. 그리고 하나님께서 먼저 우리를 수용하시고, 용서하시고, 화해하신 것처럼, 우리도 서로를 받아들이고, 용서하고, 화해해야 할 것이다. 기꺼이 용서하려는 마음이 없는 사람들이나, 화해의 사역을 하려하지 않는 사람들은 성찬식을 이해하지 못한 것이기 때문에 성찬식에 참여하지 말아야한다. "악한 종아 네가 빌기에 내가 네 빚을 전부 탕감하여 주었거늘 내가 너를 불쌍히 여김과 같이 너도 네 동료를 불쌍히 여김이 마땅하지 아니하냐"^{마 18:32-33}고 하신 것처럼, 예수님은 분별함 없이 성찬식에 참여하는 것을 인정하지 않으신다.

성찬식은 감사함과 영적인 성장을 기념한다. 본디 우리 인간은 배가 고플 때, 에너지를 얻기 위해 음식을 먹는다. 하나님께서는 성찬식을 통해 우리의 힘이 바로 하나님으로부터, 그리고 우리를 사랑하셔서 선물로 주신 그의 아들로부터 오는 것임을 우리에게 알리고 싶어 하신다. 우리가 함께 나누는 빵은 이러한 아름다운 상징이다. 옛 자아에 대해 죽고, 고통과 박해로 인한 죽음의 제분소와 오븐을 통과하면서 많은 밀알들이 반죽되어 연합된 몸을 이루게 되는 것이다. 밟아 으깨진 포도들도 하나의 와인이 되는 것이다.

그러나 이러한 요소들이 단지 거룩한 성장과 교회의 연합만을 상징하는 것이 아니라, 더 나아가 주님이 우리를 위해 하셨던 일을 보여주는 것이다. 그의 찢긴 몸과 그의 흘린 피로 말미암아, 새로운 창조물, 새로운 백성, 새로운 생명이 나타남을 보여주는 것이다.

이로 인해 우리는 감사로 충만한 삶을 산다. 우리는 그리스도가 우리를 위해 하신 일을 기억하고 있다. 우리가 성찬식에 참여함으로써 그의 역사적 행적은 현실이 되고, 역사적 사실이 우리 안에 영향력을 끼치게 된다. 첫 성찬식에서 제자들은 찬양의 노래를 불렀다. 마찬가지로 우리도 하나님께 감사를 표한다.

주의 만찬은 미래를 지향하는 말씀선포로 기념한다. 우리가 성찬식에 임할 때, 과거나 현재가 아닌, 미래가 우리의 생각을 차지하게 해야 한다. 이는 교회가 과거가 아닌, 미래를 향해 사는 존재이기 때문이다. 이 땅 위의 하나님 나라는 예견된 것이며, 현재를 꿰뚫고 들어오는 미래이기 때문이다. 이것이 우리가 성찬식을 거행할 때마다 최소 두 가지 이상의 것들을 명심해야하는 이유이다. 첫 번째, 성찬식은 주의 죽으심을 그가 오실 때까지 전하는 것고전11:26이다. 이로 인해 우리는 예견된 주님의 재림이라는 관점에서 복음을 전해야 한다. 두 번째, 그리스도는 "내 아버지의 나라에서 새 것으로 너희와 함께 마시는 날"마26:29을 함께 기념하기 원하신다는 사실과 그 날을 기대하고 계시다는 사실을 우리가 기억하기 원하신다.

우리가 함께 모이는 것은 하나님께서 우리에게 말씀하시고 우리가 들어야 하기 때문이다

비록 설교만이 주님의 말씀을 듣는 유일한 방법은 아니지만, 우리는 설교를 통해서 하나님의 말씀을 듣는다. 설교는 현재에도 교회에게 주시는 하나님의 말씀을 듣는 성경적이고 유용한 방식이다. 훌륭한 설교는 성경 본문 말씀을 당시의 성경적 배경과 문화를 바탕으로 설명한 후, 성경본문을 현재 시대와 문화에 적용시킨다.

훌륭한 설교는 설교자의 설명만으로 이루어지지 않는다. 훌륭한 설교는 회중들이 설교를 주님의 말씀으로 받아들일 수 있도록 교회가 함께 모여 공적으로 성경을 읽도록 요구한다. 기도 없는 설교는 있을 수 없다. 설교자나 예배 인도자들은 회중들과 함께 은혜로우신 하나님께 나아간다. 설교는 주님의 뜻을 현재 교인들의 삶 속에서 벌어지는 상황에 적용하는 것이기에, 결국 교회와 세상의 필요를 위한 중보기도로 인도함을 받게 된다.

우리는 성경 공부를 통해 하나님의 말씀을 듣는다. 예수님이 그러하셨던 것처럼 성경을 아는 것은 그리스도인의 의무다. 다양한 기관과 성경 공부지침들이 하나님의 음성을 들을 수 있도록 우리에게 도움을 준다. 더 나아가 교회 리더들이 특별한 공부를 하도록 기대하는 것은 물론, 모든 신자들은 말씀을 매일 읽고, 성경공부에서 배운 내용을 함께 나누도록 권장되어야 한다. 많은 양의 성경 지식들을 얻으려면 개인성경공부와 묵상을 통한 성경읽기가 이루어져야 한다. 또한 교인들은 교회의 정기적인 성경공부 시간에 꼭 참석해야 한다. 어떻게 하면 그리스도인으로서 신실한 삶을 살까 하는 우리의 고민에 대해 해답을 얻고 우리의 믿음을 강화시키기에는 찬송과 설교만으로 충분하지 않다. 성경이란 우리가 살고 싶어 하는 큰 집과 같아서, 집의 안과 밖이 어떤지, 또 그 집으로부터 세상을 어떻게 바라봐야하는지 알게 한다.

우리는 나눔의 시간을 통해 주님의 말씀을 들어야 한다. "새 노래로 그를 찬양하라"시33:3는 말씀처럼 우리는 주님이 과거에 행하시고 현재에 하고 계시는 놀라운 것들을 이미 지어진 노래와 새로운 노래로 찬양해야 한다. 우리는 회중과 함께 혹은 성가대에서 이러한 노래들을 부른다. 찬양 속에서 우리는 주님을 경배하고 주님의 말씀을 선포하며, 주님의 말씀을 듣는다. 나눔의 시간에도 똑 같은 일이 일어난다. 가정에서 모이거나 교회 건물에서 모이거나, 우리의 회중모임은 우리의 매일의 삶 속에서 그분이 어떻게 신실하게 일을 하셨는지 체험한 서로의 간증을 함께 나누고 하나님을 높여드리는 시간이 있어야 한다. 이 시간은 예언의 말씀을 나눌 수 있는 시간이기도 하다. 이것들이 우리 교회가 살아가는 이 세상 뿐 아니라 교회에서의 신자들의 삶과 이끌어 줄 것이다. 성경의 저자들이 증언을 한 것처럼 우리 또한 그리스도께 증언해야 한다.

우리는 함께 책임을 공유하며 중요한 결정을 내린다

우리는 우리의 삶의 방식에 대한 책임을 공유한다. 삶의 모든 결정들이 개인적인 선택은 아니다. 이미 그리스도 안에서 한 몸을 이룰 때, 우리는 기쁨과 고통 가운데 은사를 서로 나눈다는 것을 알고 있다. 이것은 쉬미카Tshimika 와 린드Lind가 쓴 『세계 각국의 믿음의 가족 안에서 은사 나누기』라는 책에서 다룬 내용이다. 대부분 우리들 역시 2003년도 짐바브웨Zimbabwe에서 열렸던 메노나이트 세계 협의회 모임에서 이것을 경험했을 것이다. 몸이 하나가 된다는 것은 다른 이들을 배려한다는 뜻이다. "만일 한 지체가 고통을 받으면 모든 지체가 함께 고통을 받고 한 지체가 영광을 얻으면 모든 지체가 함께 즐거워하느니라. 너희는 그리스도의 몸이요 지체의 각 부분이라."고전12:26-27 당연히 우리는 사회적으로 통제받는 것을 피해야 하고 개개인의 자유를 존중해야 한다. 그러나 지역 교회에서 뿐만 아니라 믿음 안에 있는 지구촌 가족에게까지 상호 책임의 정신을 발전시켜야 한다. 이것은 모든 회원들의 삶의 방식과 그들의 필요를 포함한다.

우리는 교회 내에 리더를 세우기 위한 선거와 그들의 임명에 관련된 책임을 함께 나눈다. 교회 조직을 위한 성경적인 모델이란 어떤 방식일까?

사실은 특정한 모범이 되는 것은 존재하지 않는다. 우리는 아마 몇 가지 모델이 될 만한 것들을 찾을 수 있을 것이고, 또한 최소 다양한 모델들의 밑그림을 얻을 수 있을 것이다. 하지만 우리는 교회 역사 속에서 확실히 인정된 신약 교회의 변함없는 내용들 중 최소한 세 가지를 알 수 있다. 즉 교회는 섬기는 리더들이 필요하며, 교회는 리더십 팀이 필요하며, 전체 회중은 예배와 리더십을 함께 공유해야 한다는 점이다.

주교나 감독을 둔 교회전통은 계층적인 권위와 개인의 강한 리더십을 강조해왔다. 장로들이나 당회가 있는 교회전통은 함께 리더십을 나누면서 일을 해왔다. 회중 교회의 전통은 교회의 멤버십이 참여하는 회중 모임에 많은 권위를 부여해왔다.

아나뱁티스트 교회는 이 세 가지 형태가 성경에 뿌리박은 리더십 유형이라고 믿으면서, 이 세 측면들을 통합시키려 했다. 소명과 리더십은 회중들로부터 뿐만 아니라 하나님으로부터도 인정받아야 할 필요가 있다. 권위는 "위"로부터 내려와야 하며, 또한 "아래"로부터 나와야만 한다. 어떤 경우이든지 영적인 권위는 다수결의 표를 받아 재직으로 선출되는 것에 의해 부여되는 것 보다는 영적인 자질에 더 많이 근거하는 것이기 때문이다. 그럼에도 불구하고 이런 것들이 권위를 보호하고 합법화하는 역할을 하기도 한다.

리더십은 항상 팀으로서 활동해야한다. 교회의 모든 교회의 리더들은 섬기는 리더가 되어야한다. 영적인 권위는 제직으로 임명되는 것 보다 섬김의 영적인 자질에 더 많은 근거를 두고 있다. 상호책임은 형제 · 자매간의 대립에 있어서 뿐 아니라, 서로를 돌보는 데 있어서도 꼭 필요한 것이다. 두 가지 모두 회중의 건강을 위해서 도움이 된다.

섬기는 리더들을 분별하고, 축복하고, 안수하는 것에 관한 우리의 신학적 입장은 하나님으로부터의 승인과 회중으로부터의 승인이 통합된 모습을 추구한다.

우리는 또한 교회내 목회의 책임을 함께 나눈다. 교회 내 모든 사역들은 모든 교인들에게 열려있다. 집사뿐만 아니라 "사도, 예언자, 복음전도자, 목사와 교사"들도 세움을 받는데, 이들을 세우는 목적은 "성도를 온전하게 하며 봉사의 일을 하게 하는 것"엡4:11-16이다. 비록 우리가 은사와 가능성에 따라 일을 분담하지만, 목회의 책임은 각 교인에게 있다. 교회에서나 선교를 감당하는 전임사역자들은 반드시 교회 전체가 선교 지향적이고 봉사 지향적이어야 함을 잘 알고 있어야 한다.

연구를 위한 질문

1. 알프레드는 예배를 위해 함께 모이는 대표적인 이유 3가지를 제안했다. 당신의 교회에서 드려지는 예배는 이 모든 것을 잘 수행하고 있는가?

2. 알프레드는 예배와 관련된 3가지 태도에 대해서 언급한다. 당신의 교회는 이러한 태도를 갖고 예배드리고 있는가?

3. 우리 교회 성도들은 어떠한 방법으로 하나님에 대해 경배를 표현하는가? "예배는 그리스도인들이 모이는 가장 중요한 이유이다"라는 단락의 마지막 문단에 열거된 예술적 재능과 은사들을 당신이 속한 교회는 얼마나 많이 사용하고 있는가? 어떻게 하면 그 목록에 더 많은 능력들을 키울 수 있는지 살펴보라.

4. 성도들이 모일 때, 언제 간증을 하고 또 언제 예언의 말씀을 나누는가? 어떻게 하면 모든 사람들을 이 일에 관련시킬 수 있을까?

5. 우리 교회는 성도들의 상호책임을 어떻게 기르는가? "교회의 모든 사역들은 모든 교인에게 열려있다" 라는 이상적인 목표를 어떻게 가르치고 실천하는가?

6. 회중 안의 모든 교인들이 시간적으로 헌신해야 할 필요가 점점 늘어갈 때, 어떻게 하면 교회 안에서 선교와 봉사의 활동들이 사역비를 받는 전임사역자들의 손에서만 끝나지 않도록 막을 수 있는가?

7. 우리는 세계적인 하나의 가족이다

우리는 신앙과 삶의 세계 공동체로서 국적, 인종, 계층, 성별, 그리고 언어의 경계를 초월한다. 우리는 이 세상 속에서 살면서 악한 권세에 순응하지 않으며, 이웃을 섬김으로 하나님의 은혜를 증거하며, 하나님이 만드신 피조물을 돌보며, 모든 이들이 우리의 구세주이시며 주인 되시는 예수그리스도를 알도록 초청하는 삶을 추구한다.

작지만 하나님 나라의 역동성을 반영하면 세계적인 일이 된다

기독교적인 이상은 온 세상 가운데 스며들고 있으며, 그렇기 때문에 선교는 많은 국경을 가로질러 일어나고 있다. 예수님이 이 땅에 오신 목적이 모든 인류를 위한 것임을 초대교회가 이해하는 데에는 시간이 좀 걸렸다. 제자들을 확신시키기 위해 사마리아인빌립과 이방인고넬료, 옛 언약에 신실했던세례요한의 제자들의 모습으로 나오는, 행18:25 것과 같이 문화적으로나 종교적으로 공동체 밖에 있던 사람들 위에 성령님이 강림하셨다.

기독교 선교의 본질은 국경을 뛰어 넘어 일어났다. 그리스도는 천국을 떠나 갈릴리의 문화로 성육신한 첫 번째 선교사였다. 바울은 그리스도께서 막힌 담을 허시고 원수된 것을 소멸하시기 위해엡 2:14 이 땅에 오셨다고 주장한다. 오늘날에도 여전히 교회는 그리스도의 모든 것을 본받아 선교를 지속하며, 온갖 경계를 뛰어넘는 전 세계적인 운동임에 틀림없다.

그리스도에 속한 세계 교회들은 많은 세포로써 하나의 몸을 이루고 있다. 우리들 중 그 누구도 그 어떤 교회의 주인이 될 수 없고, 우리가 속한 어떤 회중 모임에서조차 주인이 될 수 없다는 사실을 기억해야 한다. 우리를 "그분"의 교회로 초청하신 분은 그리스도시다. 우리가 그리스도 교회의 지체라면 아버지와 아들과 성령하나님의 삼위일체적인 교제 안에서 동참해야 한다. 그럼에도 불구하고 지역 교회나 교단, 국가 교회national churches와 지역 협의회는 모두 중요하며 나름대로 존재할 권리가 있다.

우리가 겸손해진다면 다른 교단들과의 교제나 나눔을 통해 많은 것을 배울 수 있을 것이다. 교회 전통은 그 특유의 아름다움과 부요함을 갖고 있고, 이러한 전통을 갖고 서로에게 다가가는 것이 각 교회의 의무이다. 아무런 활동을 하지 않고 지역교회에서 책임 있게 동참하지도 않으면서 그리스도의 세계 교회에 소속될 수 없다.

지역교회들은 그리스도의 몸이 갖고 있는 생명력이 가시적으로 표현되는 곳이 있다. 우리는 교회를 몸을 이루는 각각의 세포cells에 비교할 수 있다. 하나의 기관을 이루는 많은 세포들이 형태와 외관에 있어서 상당히 다르다는 것은 분명 사실이다. 그러나 모든 세포는 같은 유전적 코드 즉 DNA를 갖고 있는데 그 유전자는 몸body의 부분이 되어 몸의 특성을 드러낸다. 이 사실은 이제껏 있어왔고 앞으로도 계속될, 교회와 교단 간에 벌어지는 수많은 갈등과 분열의 해결책을 찾아준다.

만약 병들지 않았다면 각각의 세포들은 한 몸 안에서 서로 싸우지 않는다. 공통된 유전적 코드를 갖고 있기 때문에, 하나의 유기체는 조화와 협력을 이루며 잘 기능할 수 있는 것이다. 마찬가지로 그리스도의 몸이라고 하는 하나의 전 세계적인 유기체 안에서 유전적 특성상 우리 모두가 공통적으로 갖고 있는 그리스도인의 코드를 알고 이해하는 것은 매우 유익하다.

그리스도인의 공동체는 국적의 제한을 받지 않는다

그리스도인의 공동체 안에서 국적은 얼마나 중요할까? 성경에서 우리는 이 주제에 관한 구절을 많이 찾을 수 없지만 현재 교회에서 일어나고 있는 여러 실제 상황을 살펴보면 국적의 문제가 계속 표면화되고 있음을 알 수 있다. 우리의 개인적인 신분증들은 우리의 국적을 증명해주고 있다. 우리의 사회적 권리와 의무는 국가의 법에 의해 규정되고, 시민으로서의 문화적, 감성적 정체성은 우리의 국가적 정체성과 애국심과 같은 감정에 강하게 영향을 받는다. 보통 지역교회들은 "총회"에 협력한다. 신학에서조차도 그 이름 안에 라틴 아메리카 신학, 독일 신학, 북미 신학, 로마 신학과 같이 국가와 대륙의 이름이 나온다. 우리는 다른 나라들을 '우방국' 혹은 "우리와 협력 관계를 맺지 않은 나라" 혹은 "적대국"이라는 이름으로 부르곤 한다.

우리의 기독교적 정체성이 국가적인 정체성보다 강하다고 주장하는 것이 기독교의 메시지이다. 그러나 실제로 이것이 가능한가? 역사를 살펴보면 우리는 승리보다는 많은 실수를 해왔던 과거의 모습을 고백할 수밖에 없다. 독일제국이 스스로를 우월한 나라라고 생각할 때, 세계 각국에 있는 메노나이트 공동체는 깊은 고통의 나날을 보내야 했다. 혈연적 유사성과 광적인 국가주의가 그리스도 안에 새로운 국적보다 더 강하게 되었다. 대륙 간 협력이나 전 세계적인 협력이 이러한 점에 커다란 도움을 줄 수 있다. 세계 2차 대전 이후, 1952년에 바젤에서 열렸던 메노나이트 세계회의World Conference가 그 예이다.

우리가 다른 나라, 다른 국적 출신의 예수님을 따르는 제자들과 교제를 새로 시작하지 않는다면 국가주의를 극복할 수 없다. 우리나라 밖에서 살아가고 있는 하나님의 권속들이 경험하는 갈등과 기쁨을 알지 못한다면 우리는 서로를 격려하거나 잘못을 바로잡아 줄 수 없다. 다른 나라의 역사와 관점 그리고 그들의 필요들을 알지 못한다면 우리는 국제적 분쟁이 생길 때 중재자가 될 수 없을 것이다.

1990년대에 아프리카 부족이었던 후투족Hutu와 투찌족Tutsi은 양쪽 모두 복음 전도에 열심인 기독교들이 많은 부족이었는데, 인종청소를 목적으로 하는 전쟁에 맞닥뜨리게 되었다. 메노나이트 출신의 평화 연구가인 달튼 라이머Dalton Reimer는 "이 전쟁에서는 예수님의 족속에 속하느냐 보다는 후투족이냐 투찌족이냐가 더 중요하게 되었다" 고 말한 적 있다.

그리스도의 교회는 모든 나라들 사이에 서서, 모든 나라를 대표하는 새롭고도 다른 나라를 이루어야 한다. 사도들은 "거룩한 나라"벧전2:9 로서 제자들의 공동체를 이룰 것을 매우 담대하게 이야기했다. 사도들은 그들과 우리의 정치적인 정체성, 곧 시민권에 대해, "오직 우리의 시민권은 하늘에 있는지라 거기로서 구원하는 자, 곧 예수 그리스도를 기다리노니"

빌3:20라는 말로 확신했다.

여러 형태의 지역 교회를 포함하여 모든 교회는 본질적으로 국가적 이익을 하나님 나라의 이익보다 더 높이 두어서는 절대로 안 된다. 지역 교회들이 고립되는 것을 극복하고 다른 나라에 있는 지역 교회들과 형제간의 유대를 맺으려고 애쓰는 것은 매우 중요하다. 교회가 주님으로부터 받은 선교 명령은 "모든 나라에서 모든 나라로" 옮겨지는 운동이 되어야 한다. 갈등과 연루되어 있는 모든 나라나 단체를 대표하는 크리스천 멤버로 구성된 평화 위원회를 결성하는 일은 국제적인 혹은 민족 간 갈등의 시대에 특별히 요구되는 일이다.

그리스도인의 공동체는 인종, 문화 또는 언어의 장벽을 초월한다

서로 다른 민족과 문화적 전통은 하나님의 모든 창조물의 특징인 다양성을 나타낸다. 모든 인류나 창조물이 그렇듯이 이러한 문화와 전통 안에는 빛과 어둠이 존재한다. 그리고 거기에는 죄에 묶여있는 모습 뿐 아니라 하나님의 형상이 반영되어 있다. 그리스도는 민족의 정체성을 회복하고 깨끗하게 하고, 강화시키기를 원하신다. 이러한 문화와 전통은 계발되고 보호받을 가치가 있다. 그러나 복음은 우리가 예수님의 빛 가운데서 자기 비판적인 태도를 갖도록 도와준다. 우리가 인종그룹이나 국가의 역사나 과거에 대한 해석을 점검해 볼 때, 이는 사실이다.

오늘날 우리는 종종 인종과 피부색에 대해 말하는 것을 꺼린다. 과거의 생물학적, 유전적 이론들은 인류에 막대한 피해를 주었고, 이러한 많은 이론들은 과학적 근거도 부족했다. 성경은 모든 인류가 근원과 존엄성에 대한 공통적인 유대감을 갖고 있다고 말한다. 모든 사람들은 같은 가족으로부터 나왔고 우리에게 생기를 불어넣어 주신 같은 창조주의 손에 의해 지음 받은 존재들이다. 그러므로 교회는 어떠한 근본적인 편견 자체에서 벗어나야 한다. 문화적 민족적 정체성을 확고히 하되 어떠한 "피의 논리"를 거부할 것이다. "그리스도의 피"가 하늘에 계신 하나님의 눈으로 보았을 때나 믿음의 공동체 안에서는 우리 모두를 동등하게 해주는 것임을 알기 때문에 그 어떤 "피의 논리를 거부한다.

성경자료에 따르면 언어의 다양함과 복잡함은 인류가 그들 자신을 하나님 보다 높이기 위해 통일을 구축하려 했던 역사적인 순간에 그 기원이 있다.창11:9 이 "바벨탑의 혼란"은 하나님께서 성령을 부어주셨던 그 순간 뒤집어졌다. 당시 유대인들과 비유대인들은 "…우리가 다 각 언어로 하나님의 큰 일 말함을 듣는 도다 행2:11" 라고 인정했다.

한 때 몇몇 메노나이트 교회들은 철저히 배타적인 모습으로 독일어를 고수했었다. 이러한 현상은 지난 50년 동안 완전히 바뀌었다. 실제 인간의 모든 언어들은 저마다 표현의 아름다움과 풍요함을 갖고 있다. 모든 언어들은 소중하며 성령에 의해 사용될 수 있다. 한 가지의 언어만으로는 원활한 의사소통에 제약이 있기 때문에 기독교인들이 몇 가지의 언어를 습득하는 것은 칭찬받을 만한 일이다. 믿음의 가족 구성원으로서 한 가지 이상의 언어로 의사소통할 수 있다면 그리스도의 몸으로서 형제애나 유대감 또는 연합을 강화할 수 있다. 이러한 능력을 갖고 있는 많은 사람들과 마찬가지로 우루과이의 밀카 린드진스키[Milka Rindzinski, 프랑스의 엘리자벳 배처[Elisabeth Baecher, 그리고 캐나다의 레베카 요더 뉴펠트[Rebecca Yoder Neufeld는 그들의 뛰어난 능력과 언어적 은사를 전 세계의 메노나이트 가족들을 섬기는데 사용하였다. 그들은 드러나지 않게 번역과 같은 아주 중요한 사역들을 맡고 있다. 그들은 세계적인 규모의 회의 중이나 Courier이라는 다중언어로 번역된 잡지를 통해 지구촌 가족들이 서로 제대로 기능할 수 있도록 길을 만들어 주었다.

그리스도인의 공동체는 성이나 계급에 의해서 나뉘지 않는다

하나님께선 우리를 서로 다르게 창조하셨다. 비록 우리가 공통의 인간 유전자 코드를 갖고 있다 해도, 모든 사람들은 각자만의 독특함이 있다. 그렇게 우리는 생긴 것도 다르고, 그래서 우리는 공식적으로 같지 않을 뿐 아니라, 그렇게 되는 것도 바람직하지 않다. 그리스도는 믿음의 공동체 안에 있는 각 개인이 성장과 자아실현, 그리고 섬김에 있어서 최대한의 잠재력을 발전시키도록 가능하게 하신다. 정원에 있는 다양한 꽃들과 같이 하나님께서는 우리 모두에게 은사를 허락해 주시지만, 모두에게 똑같은 은사를 주시는 것은 아니다. 그럼에도 불구하고 모든 은사들은 교회의 몸 전체를 위해서 중요하고 꼭 필요한 것이다. 이는 영적인 은사뿐만 아니라 타고난 은사에도 적용되는 사실이다.

남녀 간에 존재하는 생물학적, 감정적 차이는 창조주 하나님에게서 비롯되었다. 남녀는 서로 협동하고 서로의 결점들을 보완해주도록 만들어졌다. 그러기에 상호간의 순종이 필요한 것이다.엡5:21 각 개인이 자신의 문화와 전통에서 받았던 사회적, 문화적 기대로 말미암아 이러한 상호간의 순종에는 결정적인 감수성을 필요로 한다. 다른 분야와 마찬가지로 성역할에 대한 기대를 묻는 질문에 있어서는 복음의 회복과 정화 기능을 담당해 줄 것이다. 복음은 존엄성, 참여, 가치, 다양성, 그리고 남녀평등을 강화시킬 것이다. 관련된 문화 역사적 맥락 뿐 아니라 특별한 상황과 관련해서 성경적인 실천과 가르침을 진지하게 취할 것이다. 그리스도 안에서의 연합이란 창조물 간의 차이를 존중할 때 성취되는 것이다. "누구든지 그리스도와 합하기 위하여 세례를 받은 자는 그리스도로 옷 입었느니라 너희는 유대인이나 헬라인이나 종이나 자유인이나 남자나 여자나 다 그리스도 예수 안에서 하나이니라." 갈3:27-28

서로 다른 사회적 계급, 서로 다른 그룹, 그리고 단절에 있어서도 상황은 같다. 프랑스 혁명과 볼셰비키 혁명, 그 외 다른 많은 독립운동에서 표현된 것처럼, 똑같이 대우받으려는 인간의 갈망은 정치적 수단을 통해서 제한적으로 성취된 것을 볼 수 있다. 믿음의 공동체는 합법적인 나라를 만드는 것을 강력히 지지한다. 하나님 자신도 이스라엘에게 법을 주신 이래로 법 앞에서의 평등과 법정에서의 공평성을 또한 강조하셨다.

계급과 지위에 따른 사회적 차이는 몇 가지 원인이 있다. 개인의 능력, 가족, 문화적 전통들, 경제 구조의 불의함, 권력 남용, 모두가 함께 기여해야 하는 법 존중의 원칙을 무시하는 것 등 대부분의 사회는 눈으로 확연히 보이는 계급들로 구조에 의해 구조화되어 있다. 예수님은 제자들에게 절대로 이런 모델을 따르지 말라고 명령하셨다. "너희 중에는 그렇지 않아야 하나니 너희 중에 누구든지 크고자 하는 자는 너희를 섬기는 자가 되고."마20:26

세례식의 행위는 교회에는 오직 한 사회 계급, 즉 용서받고 회복된 죄인들의 계급만이 있다는 것을 분명히 제시한다. 성찬식은 우리가 같은 탁자에 둘러 앉아있을 때, 비로소 각자가 예수님께 가까워진다고 가르치는 것이다.

그리스도인들은 세상 가운데서 악의 권세에 맞선다

교회가 세상 밖으로 나가고 싶어 할 때, 세상은 바로 교회가운데 있게 될 것이다. 교회는 세상의 정신과 삶과는 완전히 다른 방식으로 사신 주를 세상 한가운데서 따르며 산다. 교회는 대안 세력이라 불린다. 『하나님의 평화 프로젝트Gods's Shalom Project』라는 통찰력 깊은 버나드 오트의 책 속에 "시저의 경쟁"이라는 장이 있다. 버나드 오트는 하나님께서 이 세상에서 수행하시는 평화 프로젝트가 어떤 것인지 알기 쉽게 설명하였다오트, 111-134. 그는 오래전 시대에 교회가 새로운 어떻게 하나님 나라를 살았는지 자세히 설명하였다.

교회가 건강한 균형을 유지하는 것은 매우 중요하다. 교회가 세상으로 보내졌기 때문에 교회는 절대로 세상 밖을 떠나서는 안 되며 세상을 떠날 수도 없다. 그리스도가 악한 권세들을 이기셨고, 그리스도께서 선으로 악을 극복하라고 우리를 부르셨기 때문에 교회는 악한 권세들에 순응해서도 안 되고 순응 할 수도 없다.

교회로서 우리는 종종 세상과 세상의 필요로부터 거리를 두어왔다고 고백한다. 리카르도 에스퀴비아Richardo Esquivia는 나에게 "교회의 벽을 뛰어넘는 것이 가장 어려운 일이다"라고 말해준 적이 있다. 저 너머에 있는 것을 향해 무조건적으로 충성하여 지금 여기에 사는 것이 우리의 의무이다.

교회가 세상사에 적응할 때, 교회는 변화시키는 능력을 상실한다. 세상이란 무엇인가? 세상은 어디에 있는가? 신학적 언어로 "세상"은 그리스도의 주인 되심을 받아들이지 않으며 새로이 도래한 하나님 나라와 하나님 나라의 정의에 대해 관심을 두지 않는 모든 인간의 실제 모습이다.

교회는 종종 세상에 적응하여 살도록 유혹받는다. 우리 정부의 형태와 권력행사, 시간, 자원, 사회적 인맥을 사용할 때의 우선순위, 가치에 있어서의 우선순위 등 모든 것은 세상에 지배를 받기 쉽다. 예수님께서는 제자인 우리들이 주변 환경과 다른 소금처럼 세상과는 다른 존재라고 단호히 말씀하신다. 소금이 만일 맛을 잃으면, "후에는 아무 쓸데없어 다만 밖에 버려져 사람에게 밟힐 뿐이다."마5:13

이 세상은 회심과 변화가 필요하다. 교회뿐만 아니라 많은 지식인들과 리더들 또한 인류에게 깊은 변화가 필요하다고 믿고 있다. 미가 선지자가 예언한 칼이 쟁기로 바뀌는 그멋진 이미지는 국제연합에 영감을 주어 현재 공식적인 상징으로 채택되어 사용되고 있다. 가끔씩 아나뱁티스트 메노나이트 교회는 미가 선지자가 선언했던 것과 똑같은 목표를 추구하는 평화 기구를 조직해서 공동의 운동을 일으키고 있다. 메노 사이먼스는 이미 전쟁 무기들이 평화의 도구로 전환되는 장소가 교회를 통해 이루어지고 있다고 선포했다. 평화에 대한 열망은 아직 믿음의 공동체에 속해 있지 않은 수많은 사람들에게까지 공유되고 있다. 1889년에 프라하의 백작부인이었던 베르타 본 수트너Bertha von Suttner는 미가 선지자에게 감명 받아 『무기를 내려놓으라Put down the Arms』라는 책을 썼다. 또 다른 여성 평화주의자에 의해 쓰인 『톰 아저씨의 오두막Uncle Tom's Cabin』이라는 책이 미국 땅에 노예제도를 폐지하는 데 좋은 환경을 만들어 주었듯이, 베르타 백작부인의 책은 유럽의 평화 운동을 일으키는데 영감을 주었다. 부자친구였던 알프레드 노벨과 함께 베르타는 전쟁을 준비하는 세상 속에서, 몇몇 기관을 통해 평화운동을 전개하는 데 자신의 여생을 다 바쳤다. 그녀의 삶에 감사하기 위해 알프레드 노벨은 저 유명한 노벨평화상을 설립하였다. 1905년에는 베르타가 노벨 평화상을 수상하였다.

예수님을 따르는 제자들로서, 우리는 평화상에 의한 것 보다 훨씬 더 획기적인 변화를 일으킬 수 있다고 믿는다. 메노 사이먼스는 이미 칼을 쟁기로 바꾼 "하나님의 자녀들"에 대해서 말했을 때 그것은 예수님과 동일한 삶을 사는 사람들을 의미한다. 라틴 아메리카의 메노나이트 교회들에서 많은 사랑을 받는 성경학자 존 드라이버는 교회와 세상의 관계를 "기독교 대항운동"이라고 표현하였다.

대부분의 기독교 학자들은 더 나은 세상을 위해 그리스도께서 문화를 변화시키기를 원하신다고 확신한다. 그러나 그리스도께서는 자신을 따르는 자들의 가시적인 공동체를 통해서만 그 일을 행하신다. 영적, 윤리적, 사회적 변혁은 실제 인간의 공동체 속에서 스스로 드러나고 그런 변화의 삶을 사는 것이다. 이러한 변혁은 그리스도가 발견되는 교회에서 일어난다.

하나님이 만드신 죄로 타락한 세상은 투석이 필요하다. 그렇다면 대체 그리스도의 복음과 인류 문화와는 어떠한 관계가 있는가? 이것은 문화를 개혁하는 선교뿐만 아니라 세상에서 증인된 삶을 살아가야 하는 교회의 생명에 관한 질문이기도하다. 문화를 중요하게 간주하지 않는 복음은 이질적이고, 피상적이며, 하찮은 것이 된다. 만약 복음이 문화에 대해서 질문도 없고 구속하지도 못하면서 문화와 자신을 동일시한다면, 같은 일이 벌어질 것이다.

복음과 문화, 성경과 상황에 관련된 질문에 관련해서 투석이라는 모델을 추천하고 싶다. 투석은 신장이 피를 갖고 하는 활동을 말한다. 우리의 문화는 몸 전체에 생명을 주는 피와 비슷하다. 성경에 계시된 복음은 신장과도 같다. 신장은 피 안에 있는 독과 해로운 물질들을 피에서 추출한다. 신장은 허파와 함께 생명유지를 위해 산소와 영양소를 혈액에 공급해 준다. 이것이 바로 교회의 삶으로서 그리스도와 복음이 믿음의 공동체 안과 밖에 있는 모든 사람들이 관계하는 문화에 요구하는 일이다.

그리스도인들은 세상 속에서 하나님의 변화시키시는 은혜를 증거한다
변화를 주창하는 많은 사람들은 종종 커다란 죄책감을 경험한다. 그리고 변화를 믿었던 사람들은 실망하게 된다. 그러나 하나님의 은혜가 우리 삶을 뚫고 들어오기 시작하면 변화가 가능하다. 기독교적인 신앙은 인간의 현실세계 밖에서 변화의 근원을 찾으려 한다. 예수님께서는 특별한 방법으로 좌절하고 지친 사람들을 초청하신다. 왜냐하면 주님의 은혜가 그들의 바라는 안식을 가져오기 때문이다. 그리스도의 증언은 하나님과 은혜로운 주님의 행하심을 향해 있을 때에만 진정성이 있다.

은혜의 새 언약은 율법의 언약보다 더 좋은 것이다. 비록 그리스도의 교회가 아브라함의 믿음과 하나님의 이스라엘과 함께 맺은 언약과 긴밀히 연결되어 있고 그것에 크게 은혜를 입고 있을지라도, 신약성경은 옛 언약이 위험한 방식으로 잘못 해석될 수 있다고 지적한다. 사람들이 신령한 은혜를 깨닫고 찬양하는 대신에, 자신의 이익만을 위해 율법을 따르고 선행을 하려 하기 때문에 이러한 일이 일어난다.

예수님과 사도들은 구약의 선지자들을 그 당시에 은혜의 새 언약에 대한 하나님의 약속이 성취될 것을 증거하는 자들로 해석한다. 자비로우신 하나님은 그의 율법을 믿는 자들의 생각과 마음에 두도록 하시고 그들의 죄를 완전히 기억하지 않는 방식으로 자비를 베푸셨다.히8:10-12 바울은 이 특별한 능력을 성령에 의지했다 : "…육신을 따르지 않고 그 영을 따라 행하는 우리에게 율법의 요구가 이루어지게 하려 하심이니라."롬8:4

은혜는 주님의 일이다. 우리는 단지 그것에 대해서 증거할 뿐이고 또 주님의 은혜로 쓰임 받을 뿐이다. 주님의 은혜에 감사하며 소망을 가질 수 있기 원한다.

은혜는 우리가 할 수 있는 어떤 것이라기보다는 우리가 할 수 없는 어떤 것이다. 성경은 훨씬 더 급진적이다. 우리 자신이 더 약하고 쓸모없게 느낄수록, 하나님의 은혜는 우리의 삶에서 크게 작동한다. 우리가 전도와 예배뿐만 아니라 구제에 참여할 때, 이러한 사실은 우리에게 보다 더 큰 위로가 된다. 이 세상에 어떠한 끔찍한 사회적 상황이라도 주님의 은혜로 변화되지 못할 것은 없다. 어떠한 절망적인 인간의 고통이라도 주님의 은혜로 변화되지 못할 것은 없다. 하나님의 은혜로 용서받지 못할 인간의 죄란 없다. 어떠한 절망적인 실패를 겪는다 해도 하나님의 은혜로 회복되지 못할 것은 없다.

하나님은 사랑이시기에 우리는 섬김의 삶을 살기 원한다

하나님은 인간의 노동을 중요하게 보신다. 일하는 것은 저주가 아니다. 죄가 나타나기 전부터 노동은 존재했기 때문에 일하는 것은 아담의 죄의 결과가 아니다.

하나님은 자신을 스스로를 가장 행복하고 헌신된 노동자라고 주장하신다. 밤낮으로 하나님은 창조물들을 돌보시고 타락한 인류를 회복시키신다. 인간의 노동을 신성한 노동으로 비추어 귀하게 여길 필요가 있다. 섬김의 행위가 삶을 살아가기 위해 필요한 물질을 생산하고 다른 사람들의 행복을 창출해내기 때문에, 어떤 면에 있어서 많은 인간의 노동은 이웃에 대한 사랑의 섬김이다. 인간에 대해 섬김의 관점이 없는 일은 죽음의 문화에 공헌하는 것이며 또 행할 가치도 없는 것이다.

섬김의 삶은 만족을 준다. 우리는 삶의 의미를 알도록 창조되었다. 삶의 의미에 대한 지각이 없을 때, 삶은 피상적이며 절망적이게 된다. 남들을 섬기기 위해 자신의 인생을 바치는 사람들의 삶은 매우 높은 수준의 만족감을 나타낸다. 우리는 다른 사람을 섬김으로써 그리스도를 섬긴다. 매우 많은 긴급한 인간의 필요 즉 건강, 교육, 식량, 가족의 결핍, 영적, 경제적 빈곤, 동료애, 안락함, 기쁨의 필요에 반응함으로써 섬김의 문화가 창출된다.

봉사하는 삶은 변화시키는 힘을 갖고 있다. 파라과이에 있는 메노나이트 자원봉사 단체의 루돌프 덕슨Rudolf Duerksen이라는 대표는 "섬기지 않는 사람은 섬김을 받을 수 없다" 고 했다. 이것은 우리 자녀들을 포함한 수많은 젊은이들의 경험을 통해 입증되었다. 봉사는 그들의 삶을 변화시켰다. 빈곤하고 소외된 사람들과 사는 것, 매일 그들의 실제 삶에 노출되는 것은 섬기려하는 사람들의 삶이 깊은 영향을 끼친다. 메노나이트 중앙위원회MCC, 평화봉사단Pax, 훈련생Trainee 그리고 그리스도인의 섬김Christian Service과 같은 국제적인 메노나이트 봉사 프로그램들은 섬김은 궁핍한 사람들에게 축복을 가져다주고, 섬기는 자를 더 좋은 사람으로 변화시킨다는 두 가지 사실을 검증해 주었다.

우리는 소망을 갖고 창조물을 돌본다

피조물들이 대량 학살될 운명을 갖고 있지는 않다. 그러나 그리스도인을 포함한 많은 인간 단체들은 무분별한 삼림 파괴, 토양 개발, 대기오염,

생태계 균형의 극심한 손상, 쓰레기 관리의 태만함 등의 방식으로 피조물을 다룬다. 이 모든 것들은 창조주 하나님이 우리에게 맡긴 피조물들을 공격하는 행위이다.

오랜 시간 동안 우리에게는 생태계 관리에 대한 신학 체계조차 없었다. 더 나쁜 것은, 어떤 사람들은 어떻든 간에 지구는 파괴되게 되어 있다는 식으로 설교하였다. 그러나 내가 이해한 대로라면 성경은 우리에게 이것과는 다른 것을 말하고 있다. 비록 엄청난 자연 재앙이 닥쳐올 것이라는 예언의 말씀들이 있음에도 불구하고, 하나님께서는 지구상의 모든 생명을 다 멸망시키지 않겠다고 한 노아와의 언약을 지키실 것이다. 이러한 언약의 상징인 무지개를 기억하라. 요한계시록은 하나님께서 지구를 새롭게 하시고 새로운 피조물이 있는 하늘과 한 순간 연합시키기 원하신다고계21:1-3 말한다. 이러한 일이 어떻게 일어날지는 아직 알 수 없지만 말이다.

기독교 영성과 더불어 우리는 창조주 대신 피조물을 숭배하는 것을 피해야 한다.롬1:25 피조물 숭배로 범신론과 땅의 여신을 숭배하는 것은 잘못이다. 피조물은 하나님의 지혜와 능력과 장엄함을 보여주기 때문에, 우리는 피조물을 존중함으로써 주님을 존경할 수 있다. 많은 시편이 피조물에 대해 노래하였고, 사도 바울 또한 이것에 대해 로마서 1장 20절에서 언급하였다.

우리는 피조물을 이용할 때 미래의 우리 자녀에게서 빌려 쓰는 것이라고 생각해야 한다. 책임 있는 기독교 윤리라면 다가오는 세대들을 항상 생각할 것이다. 우리는 그리스도가 언제 오실지 또는 마지막 심판의 날이 언제가 될지 모른다. 우리는 언제든지 영생을 맞이할 준비가 되어 있어야 한다. 그러나 이러한 사실들이 피조물을 남용하는 것을 정당화해주는 변명거리로 이용되어서는 안 된다. 생태학뿐만 아니라 사회 윤리학과 세계 정치에서 말하는 미래는 오늘날 우리가 아이들과 손자들을 위해 맡아야 할 책임의 영역이 된다. 이것이 시편기자가 이미 주창했던 "여호와는 위대하시니 크게 찬양할 것이라 그의 위대하심을 측량하지 못하리로다. 대대로 주께서 행하시는 일을 크게 찬양하며 주의 능한 일을 선포하리로다" 시 145:3-4라는 의미다.

우리에게 믿음이 있기에, 우리는 모든 사람들이 예수님을 구주이자 주인이심을 알기 원한다

복음을 받기 위한 초청은 그리스도로부터 온다. 진정한 기독교 신앙에는 전염성이 있다는 사실은 의심의 여지가 없다. 그리고 실제로 전염성이 있어야만 한다. 이러한 현상은 아나뱁티스트 운동을 포함하여 많은 교회가 태어나고 새롭게 되었던 대부흥의 시기에 일어났다. 초기교회에서나 사도시대에는 더 많은 예수 운동이 불길처럼 번져나갔던 사실을 사도행전에서 살펴볼 수 있다. 예수님은 자신이 그 길이 되기를 원하셨다.

그러나 만약 우리가 우리 자신을 사람들을 구원할 수 있는 존재라고 생각한다면 그건 오산이다. 우리는 우리 자신을 변화시킬 수 없다. 회심으로 부르심과 그를 알도록 초청하는 분은 오직 그리스도 자신이시다. 그는 교제를 위해 우리를 부르신다. 또한 그분의 교회를 향해 오도록 우리를 부르신다. 물론 인간은 이러한 부르심에 반응하고 자신의 결정에 대해 책임을 맡을 수 있다. 마치 세례 요한처럼 우리도 사람들을 그리스도께로 인도하고 그를 향해 나아가도록 할 수 있다. 사람들이 우리가 아닌 선한 주인 되신 예수님만을 따를 때 우리는 요한처럼 함께 기뻐할 것이다. 그리고 바울 같은 제자도의 모델이 되길 갈망할 것이다. 그래서 "내가 그리스도를 본받는 자가 된 것같이 나를 본받는 자가 되라"고전 11:1절고 말할 수 있게 될 것이다.

그리스도께서는 교회를 통해 그를 알도록 초청하신다. 사람들이 그리스도를 어떻게 알게 되었는지 듣는 것은 항상 놀랍다. 대부분의 경우 기독교인들이 그들을 도와준다. 실제로 주님을 알도록 누군가를 돕는 일에 아주 다양한 사람들이 존재한다. 그 경험들은 경우마다 모두 다르다. 많은 경우 사람들은 과거 결정적인 시기에 결단하고, 죄를 고백하고, 헌신의 기도를 올린 후, 그리스도를 구주이자 주인으로 고백하였다. 그렇게 구원을 확신하게 되었다. 또 어떤 이들의 경험은 일정한 과정을 거친다. 아마 이런 사람들은 기독교 집안에서 성경 공부를 하거나 혹은 어렸을 때 교회에서의 경험을 통해 시작되었을 것이다. 아마 이러한 확고하고 단호한 헌신을 하기까지는 어떤 위기의 순간도 있었을 것이다.

회심의 형태나 시기는 결과만큼 중요하지 않다. 한 사람이 언제, 어디서 다시 태어났는지에 대해 아는 것은 그리 중요하지 않다. 보다 중요한 것은 살아있다는 것이다. 그리스도를 아는 진정한 지식의 결과는 은혜와 용서를 통한 새로운 삶이다. 이러한 삶은 예수를 구주로 고백하고, 그분을 인생의 주인으로 따르는 것을 말한다. 만일 주님의 교회가 없었다면 우리가 그리스도를 알게 되는 것은 불가능했을지 모른다. 우리가 주님에 대해 아는 모든 것은 성경대로 살아가는 그분의 교회로부터 나온 것이다. 주님을 알도록 도와준 이들은 모두 교회에 속한 사람들이다.

믿음의 경험은 개인적 차원과 공동체적인 차원을 동시에 갖고 있다. 그리스도를 아는 것은 두 가지를 다 포함한다. 개인적인 믿음의 경험 없이 한 믿음의 공동체에서 활동하는 일원이 된다는 것은 불가능하다. 한편 우리가 만약 우리의 개인적인 경험을 교회 안에서, 또 교회 밖에서 다른 사람들과의 관계 속에서 표현하지 않는다면, 개별적인 영적인 삶을 계발시키는 것 자체가 쓸모없는 것이 된다.

우리 몸과 세포의 이미지는 또한 회심과 영성에 비유할 수 있다. 각 세포의 생명과 유전학은 전체로서 우리 몸의 생명과 유전학과 연관되어있다. 건강한 세포들은 우리 몸에 생명을 준다. 건강한 몸은 각 세포를 강하게 한다. 그러므로 복음주의와 기독교 사역은 각 개인에게 다가가야 하지만, 동시에 건강한 교회를 세워나가는 것이 되어야 한다. 공동체 안에서 총체적인 사역을 실행하는 교회가 바로 이런 교회들이다.

1. 그동안 우리 교회 회중들이 다양한 사역을 위해 넘나들었던 나라들의 국경을 모두 적어 보라. 우리 교회가 속해 있는 교단총회national church는 사역을 위해 어떤 나라들을 방문하는가?

2. 그러한 활동들이 우리가 속한 교단교회와 지역회중의 신앙생활을 어떻게 풍성하게 하는가?

3. 세례와 성찬이 사람들의 사회적 간극을 어떻게 좁힐 수 있을까?

4. "교회가 세상 밖으로 나가고 싶어 할 때, 세상은 바로 교회 가운데 있게 될 것이다"라는 알프레드의 말에 동의하는가?

5. 교회가 균형을 잃지 않으려면 어떻게 해야 하는가? 세상으로부터 너무 멀리 떨어지지 않는 한 세상에 서서히 적응하거나 순응하지 않으려면 어떻게 해야 하는가? 이러한 상황을 점검하려면 어떤 감시 장치와 안전장치가 필요한가?

6. 더 나은 교회"그리스도의 제자들이 만든 가시적인 공동체"의 문화적 변혁을 어떤 근거로 증명할 것인가?

7. 신장과 같은 기능을 하는 교회가 있다면 구체적 예를 들어보자.

8. 최근에 우리 삶과 주변 세상 가운데에서 구체적으로 목격했던 특별한 하나님의 은혜의 신호가 있었다면 말해보자.

9. 우리의 일과 소명에 대해서 생각해보자. 무엇이 구체적인 사랑의 섬김인가?

10. 앞으로의 일어날 일에 대한 소망과 피조물을 돌보는 것 사이의 연관성에 대해 당신이 이해한 대로 설명해보라.

11. "신앙 경험은 개인적이고 공동체적인 차원을 동시에 갖고 있다"라는 말에 동의하는가? 이 말을 우리의 실제 경험에 비추어 말해보자.

역사적 사실

우리는 이러한 신념들 안에서 예수 그리스도를 향한 급진적인 제자도의 본을 보였던 16세기 아나뱁티스트 선조들로부터 영감을 받는다. 우리는 확신 가운데 그리스도의 재림과 하나님 나라의 최종적인 실현을 기다리며, 성령의 능력을 따라 예수님의 이름을 따라 사는 삶을 추구한다.

우리는 "구름과 같이 허다한 증인들"에 대해 감사한다

아네켄 잰스Anneken Jans는 네덜란드의 젊은 과부였다. 그녀는 신학을 배운 적도 없고 교회 안에서 리더 직분을 감당한 적도 없었지만, 공공장소에서 아나뱁티스트 찬송을 불렀다는 이유로 체포되었다. 감옥에서 그녀는 15개월 된 아들에게 자신의 간증을 담은 편지를 썼다. "예수님이 길을 걸으며 믿음의 공동체의 수많은 성도들이 마땅히 마셨던 쓴 잔을 마셔라. 좁은 문을 통과하여 예수님을 의미하는 생명의 길을 걸어가라. 성경 말씀을 성찰하고 세상의 어둠에서 벗어나라. 인간보다 하나님을 더 경외하고 사람들 앞에서 예수님을 고백하라. 복음으로 하나님을 높이라. 그러면 복음의 빛이 비추리라. 궁핍한 형제자매와 함께 필요를 나누며, 우리 모두가 새 예루살렘에 하나님께서 심으신 나무라는 것을 인식하여 항상 복음을 따라 행동하라"는 편지였다. 아네켄의 사형이 집행된 1539년 1월 24

일, 한 경건한 제빵사가 그녀의 편지글과 함께 아네켄의 아들을 구해냈다. 그렇게 그녀의 편지는 오늘까지 보존될 수 있었다. 어머니의 신앙을 받아들였는지 확실한 증거는 없지만, 아네켄의 아들은 후에 로테르담의 시장이 되었다.Oyer and Kreider. 38~39 감사하게도 우리 아나뱁티스트 선조들은 성경 읽는 것을 통해 새로운 길을 개척할 용기를 가졌다. 아놀드 스나이더는 그들의 유산을 세 가지 범주로 요약했다.

- 아나뱁티스트 교리에 관련해서, 교회는 성령으로 거듭난 신자들로 이루어지고 그리스도 중심의 삶을 살아가는 모습을 통해 가시적이어야만 한다. 모든 신자들은 성경을 알아야 하고 자신만의 믿음을 가져야 하며, 그것을 설명하고, 자신의 믿음을 성경적으로 변호할 수 있어야 한다. 교회는 회개와 거듭남과 새로운 생활을 통해 자신의 주님이시며 주인이신 예수 그리스도에게 순종하는 제자들이기에 가시적이다.스나이더 20~21
- 교회의식과 실행예식에 있어서 아나뱁티스트는 이러한 교리를 가시적으로 드러내기 위해 세례, 주님의 만찬, 세족식과 같은 의식을 시행해야 한다고 믿는다.
- 아나뱁티스트 제자도에 관련해서 스나이더는 "온전한 영성"의 세가지 중요한 윤리적 측면으로 진리를 말하며, 소유를 나누며, 평화를 실천해야 한다고 하였다.스나이더 37~47

스나이더는 예수님을 따르는 것은 균형 잡힌 삶을 유지하는 것이라고 밝힘으로써 우리를 놀라게 하였다. 완벽한 균형을 이루는 유일한 한 사람이 있었는데 그가 바로 하나님의 아들이다. 예수님을 따르는 자로서 우리는 전 세계에 분포하는 믿음의 공동체를 살펴보아야만 하고 또 그럴 수 있어야 한다. 오순절 교회나 은사주의 교회로부터 성령의 역동적인 생명력을 느끼며, 교회의 법이나 질서가 이를 대체할 수 없음을 배울 수 있다.

아나뱁티스트들은 하나님의 선물로서 구원과 하나님의 은혜에 대한 반응으로써 순종하는 것 사이에 세심한 균형을 이루기 원했다. 아나뱁티스트 신자들은 행위 쪽에 많이 치우쳐있고 제자도의 행위에 많은 가치를 두고 있다. 16세기에 루터는 이 부분을 수정하여 우리에게 통찰력을 제공해주었다. 그의 최종적인 결론은 제자도와 순종 또한 은혜의 선물이라는 것이다.[51~52]

현재까지도 높은 가치를 두고 있는 아나뱁티스트들의 중요한 유산은 온전한 복음을 추구하는 것이라고 할 수 있는데, 이는 "구원과 영적인 생명이 순종과 제자도의 삶으로부터 분리되지 않게 하는 것"을 말한다. 이둘은 분리할 수 없다. 여기에 주님과 믿음의 선조들로부터 물려받은 특별한 씨앗과 열매와 극상품 포도주가 있다.[52]

그들이 행했던 대로 우리는 예수님과 함께 걷기 원한다

예수님은 믿음의 선조들이 걸었던 길을 함께 걸어가지 않으면서 "선지자들의 무덤을 치장하고 의인들의 비석을 꾸미는 행위"[마23:29]의 위험성을 지적하신다. 이러한 경고는 초기 아나뱁티스트 신자들과 연결되어 있는 21세기 우리들에게도 여전히 유효하다. 우리 믿음의 선조들은 당시 다른 그리스도인들과 마찬가지로 많은 실수를 범했다. 그러한 실수들을 인정하고 회복하되 이를 반복하지 않도록 하는 것이 우리의 책임이다. 부분적으로 16세기의 기억들을 치유하는 과정은 최근에 있었던 가톨릭과 메노나이트 간의 대화에서 시작되었다. 아나뱁티스트 운동은 우리에게 용기와 충성스런 신앙의 유산을 남겨주었다. 이것은 업적으로 반드시 존중받아야 할 신앙의 유산이다.

맹목적이고도 광적인 교조주의나 종파주의는 우스꽝스러운 일로 비난받아 마땅하다. 우리는 아나뱁티스트를 따르는 것도 아니요, 메노 사이먼스를 따르는 사람들도 아니다. 우리는 예수 그리스도를 따르는 사람들이다. 이것은 다른 기독교 종파에도 마찬가지이다. 우리가 따르는 사람은 루터나 캘빈이나 쯔빙글리나 그리스도의 교회 안에 속한 다른 중요한 신학자 중 그 어떤 사람도 아니다. 그러나 그들이 그리스도를 따랐던 것처럼 그들이 보여준 모범, 교훈, 권면, 영감은 우리들에게 도움이 될 것이다.

오늘날 전 세계적으로 교제하는 교회중 몇몇은 16세기 아나뱁티스트 신자들이 처했던 상황과 매우 유사한 상황 속에서 살아간다. 그들은 모두 소수의 비주류에 속하며, 때론 핍박을 받으며, 때로는 소외를 당하며, 때로는 멸시를 받으며 살아간다. 그러나 우리 믿음의 권속 안에 있는 어떤 교회들의 사회적 상황은 완전히 다르다. 그들은 종교적 자유는 물론이거니와 법과 질서를 존중받는 나라에서 살고 있다. 그들은 평화주의적인 태도와 경제적인 효율성과 학문적 탁월성 등으로 높은 평가를 받고 있다.

몇몇 나라에서는 교회의 성도들이 시적이나 정치적인 직책을 맡아 협력하도록 격려 받고 있다.

아나뱁티스트의 유산을 직접적으로 자신들의 상황에 적용할 수 있는 경우는 매우 드물다. 그러나 이러한 유산에는 믿는 자들의 신학적인 이해와 우선순위, 그리고 올바른 실천과 온전한 영성을 위한 모델등이 포함된다.

하나님 나라는 온 세상에 전파될 것이다

아직까지 우리는 하나님 나라가 확실이 우세하다고 보지 않는다. "하나님의 평화 프로젝트God's Shalom project"에서 버나드 오트Bernard Ott는 로마서 8장에서 바울이 말한 것을 생각나게 한다. 곧 하나님의 새로운 피조물은 여전히 구원의 단계 가운데 머물러 있다는 말씀이다. 오트에게 있어서 이것은 다음의 세가지를 의미한다.

- 새로운 일이 시작되었다. 새로운 생명이 품어졌고, 이미 진행중이다. 세 가지 사건 즉 예수님이 약속된 메시아이시며, 예수님은 구원사역과 구원의 삶을 완수하셨고, 그의 성령을 부어주셨다는 사실이 이를 보장한다.
- 새로운 일은 완전히 현재적인 것은 아니다. 개인적인 갱신과 공동체적인 갱신은 즉시 이루어지는 것은 아니다. 이러한 것들은 마치 출생의 과정과 같이 고통의 경험들을 반복하는 과정이다.
- 그러나 목표는 바로 눈 앞에 있다. 성령은 다가올 세상을 위한 계약금과도 같다. 결과적으로 우리는 이미 보장받았지만, 아직 성취되지 않은 소망의

긴장 속에 사는 것이다.

오트는 기독교인들이 이 두가지 양극단 사이에 존재하는 긴장 속에서 늘 균형을 잘 이루어야 한다는 사실을 일깨워주었다. 때때로 "옛 세상"이 너무 지배적으로 느껴져서 오순절 성령 강림사건 뿐아니라, 그리스도의 부활의 실재를 잊어버리고 살기도 한다. 그들은 하나님 나라가 아직 도래 하지 않을 것처럼 산다.

그러나 또 다른 극단이 있다. 이들은 이미 목표가 완전히 성취되었다 고 믿는 기독교인들이다. 그들은 바로 지금 이 순간 건강, 번영, 죄로부터 의 완전한 자유, 지상낙원과 같은 모든 것을 소유하기 원한다. 그러나 그 들은 곧 뼈아픈 사실을 경험하게 된다. 죄, 질병, 개인적인 한계가 여전히 실재하기 때문이다.오트 120~123 이러한 것들이 최종적인 말인 것 같다. 우 리가 아는바 최종적인 단어는 예수와 하나님 나라다.

성령의 능력 가운데 있는 교회는 계속해서 하나님 나라를 보여주는 전 시관이나 선발대가 되어야 할 것이다. 교회가 그 이상이 되어서도 그 이 하가 되어서도 안 된다. 메노 사이먼스는 그리스도를 따르는 우리들은 "바벨"을 버리고 "새 예루살렘"으로 들어간 자들임을 포기하지 않고 가르 쳤다. 그러므로 교회는 공적으로나 또 이해 가능한 방식으로 하나님 나라 에 속한 정의로운 삶을 살아야 한다. 마치 좋은 진열관이 물건을 사도록 사람을 초청하는 것처럼, 교회는 모든 이들이 그리스도가 주시는 모든 보 화와 부요함을 얻을 수 있도록 사람들을 초청해야 한다.

그러나 그리스도를 따르는 자들은 "평화주의자들이 치러야할 전투"를 견뎌야 한다. 엡 6:10~20 "영적 전쟁"에 대한 잘못된 개념들을 버리고, "이리 가운데 있는 양"처럼 왕이신 하나님으로부터 보내심을 받은 자들임을 잘 알고 있어야 한다. 하나님의 어린 양이 세상을 이겼기 때문에, 어린 양의 승리가 곧 교회의 승리임을 확신해야 한다.

우리의 기쁨은 그리스도가 재림하시는 그날, 완전해질 것이다. 교회는 과거보다 미래지향적으로 살아야 함을 앞에서 언급했다. 신랑으로서 신부를 본향 집으로 데려가기 위해 오시는 그리스도의 재림은 우리에게 소망을 주는 강력한 운동력이다. 이성적인 생각으로 볼 때, 이것은 다소 바보같이 보이는 믿음의 한 부분이다. 물론 우리보다 앞선 많은 세대들이 이 사건을 기다려 왔다. 그러나 이 모든 무명의 사람들로 인해 우리의 믿음이 약해질 필요는 없다. 우리는 그리스도께서 스스로 하신 약속에 대해 확신을 갖고 있기 때문에, 이러한 약속들이 우리에게 큰 의미가 있다. 하나님은 자신의 구원 사역을 종결하지 않은 채 남겨두지 않을 것이다.

요한계시록 21~22장에 나오는 마지막 환상은 우리에게 새 예루살렘의 도래 뿐 아니라, 새 하늘과 새 땅에 대해 알려주고 있다. 하나님은 우리가 알고 있는 것땅을 새롭게 하실 것이다. 그리고 우리가 알지 못하는 것하늘에 우리를 참여하도록 초청하신다.

하나님은 인간의 불의를 영원까지 그대로 용인하지 않을 것이다. 예수님은 자신이 받은 달란트를 갑절 남겨서 충실하게 일하는 제자들을 결코 실망시키지 않을 것이다. 예수님이 돌아오실 때 그들이 긍정적으로 잘 균형 잡힌 모습을 보일 수 있어야 할 것이다.

예수님의 재림은 그의 교회에 측량할 수 없는 기쁨을 가져다 줄 것이다. 예수의 재림은 우리의 구원을 완성할 것이다. 우리는 예수님의 오심을 지금도 기도하고 있다. "나라가 임하시오며, 뜻이 하늘에서 이루어진 것 같이 땅에서도 이루어지이다"라는 우리의 기도를 현실로 바꿀 것이다.

1. 당신의 "허다한 증인들" 중에 누가 있는가?

2. 우리의 구체적인 삶 속에서 가시적인 교회를 효과적으로 드러내는실천
   방법은 무엇인가?

3. 하나님의 선물로서 구원과 하나님의 은혜에 대한 반응으로서 순종의 삶
   을 사는 것 가운데 세심한 균형을 유지할 수 있도록 교회가 어떤 도움을
   줄 수 있는가?

4. 초기 아나뱁티스트 신자들의 선택과 실행예식으로부터 어떤 유익을 얻
   을 수 있는가?

5. "하나님 나라는 온 세상에 전파될 것이다."라는 희망을 어떻게 하면 포기
   하지 않고 고수할 수 있을까?